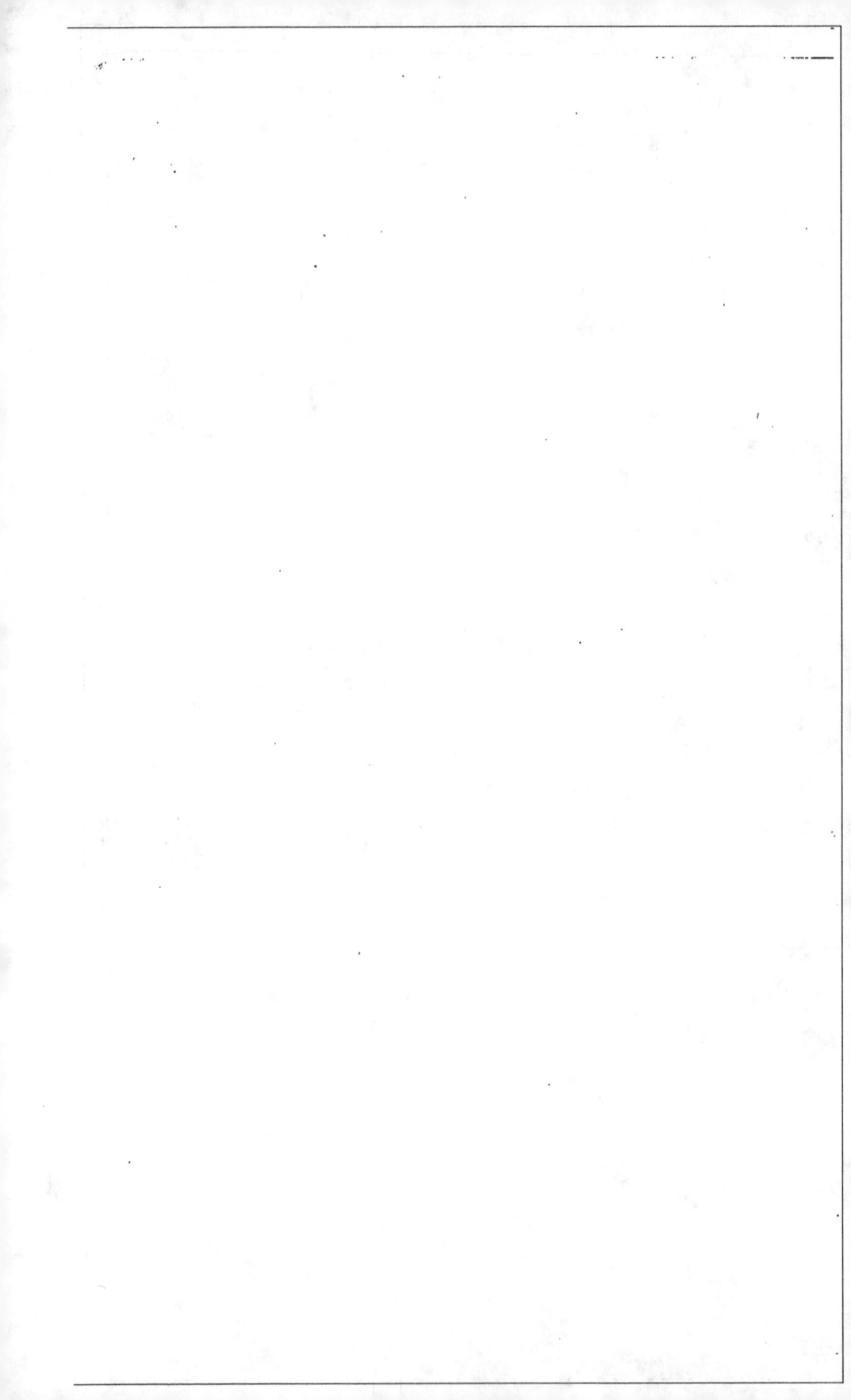

COMITÉ CENTRAL

des

AMBULANCES SÉDENTAIRES DE LA LOIRE

RAPPORT GÉNÉRAL

Rapport des Médecins

SECOURS

aux

BLESSÉS

SAINT-ÉTIENNE

IMPRIMERIE DE Vve THÉOLIER AINÉ ET Cie

Rue Gérentet, 12

1872

COMITÉ CENTRAL

DES

AMBULANCES SÉDENTAIRES

DE LA LOIRE

RAPPORT GÉNÉRAL

RAPPORT DES MÉDECINS

SAINT-ÉTIENNE

IMPRIMERIE DE Vᵉ THÉOLIER ET Cⁱᵉ
Rue Gérentet, 12.

—

1872

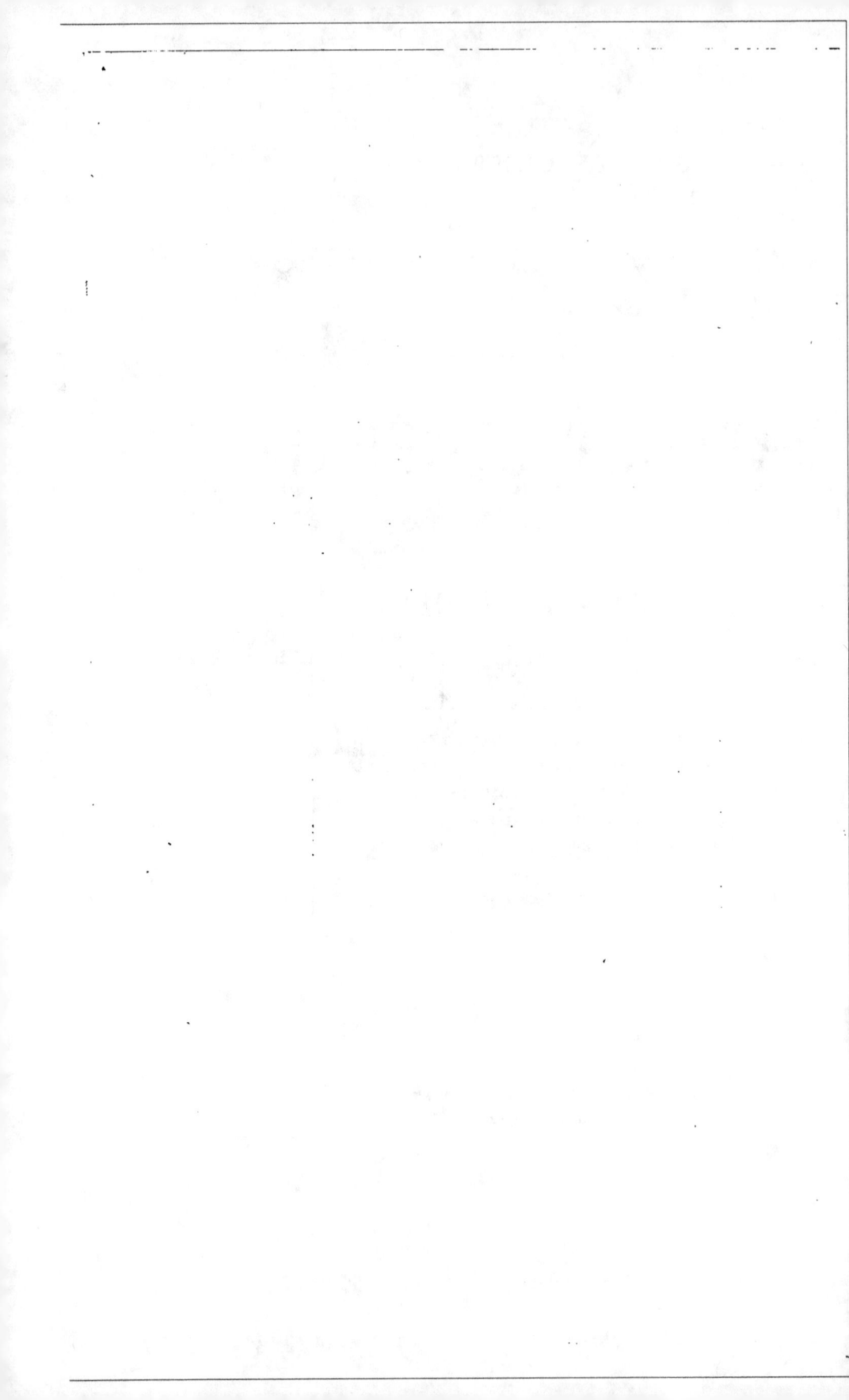

Messieurs,

Le Comité des ambulances sédentaires a décidé la publication du rapport de ses opérations.

Ce rapport, lu dans la séance du 10 décembre 1871, pourra paraître un peu tardif; mais nous avons à cœur de publier un travail aussi complet que possible, et pour cela nous avons attendu que notre dernière ambulance fût fermée, c'est-à-dire, que nos derniers malades fussent guéris. L'ambulance du Mont, dirigée par Mme v^e Buisson, n'a été évacuée que le 1er décembre 1871.

Nous devons à la généreuse population qui a soutenu notre œuvre, œuvre qui appartient à tous, sans distinction de condition ni de parti, l'exposé de nos travaux et de notre situation financière.

Ce rapport ne sera pas seulement un compte-rendu; une œuvre semblable à celle que nous terminons aujourd'hui peut devenir de nouveau nécessaire. Nos successeurs trouveront alors dans ce qui vient d'être fait quelques éléments précieux d'organisation.

RAPPORT GÉNÉRAL

PREMIÈRE PARTIE

I

CRÉATION D'UN COMITÉ ; ÉLECTION D'UN BUREAU ; BUT DE L'ŒUVRE ;
SES PREMIÈRES RESSOURCES.

La première période de la guerre 1870-1871 ayant eu
pour théâtre les extrêmes frontières de l'est de la France,
les départements du centre ne purent d'abord venir en
aide aux victimes que par des dons en argent ou en nature,
expédiés sur les lieux mêmes où le besoin s'en faisait le
plus vivement sentir.

Mais, à mesure que les désastres se succédaient avec une
terrible rapidité, le cercle de l'invasion, en se resserrant,
nous menaçait de plus près.

Bientôt les distances ne furent plus un obstacle à l'évacuation des blessés sur nos départements. Bientôt elle devint une impérieuse nécessité, car le temps était venu où,
tout près de nous, il se livrait tous les jours des combats
où notre malheur était égal à notre courage.

Rien n'était plus triste que les relations alors répandues sur l'encombrement qui existait dans les hôpitaux, dans les ambulances installées à la hâte aux environs des champs de bataille. Il fallait, à toute force, rémédier à un tel état de choses.

L'autorité militaire se hâta de faire appel à la charité privée. Les intendants reçurent l'ordre d'activer et de faciliter, par tous les moyens possibles, la création d'ambulances privées dans les départements.

Un comité déjà existant, qui s'était imposé une mission différente de la nôtre, n'avait pas cru pouvoir satisfaire aux sollicitations de l'intendance.

Un arrêté préfectoral du 9 septembre 1870 nomma, à cet effet (sur la demande du sous-intendant militaire), une commission spéciale :

Considérant qu'il est urgent de provoquer la création d'ambulances, de faire appel, dans ce but, aux sentiments publics de patriotisme et d'humanité et de prendre, en un mot, toutes les mesures nécessaires pour recevoir les blessés dans le département et leur assurer les soins dont ils auront besoin,

Arrêté :

ARTICLE 1er. — Il est créé une commission spéciale ayant pour mission :

1° De trouver des locaux où l'on puisse établir des ambulances ;

2° De pourvoir d'objets de literies les locaux offerts gratuitement où retenus moyennaut salaire qui seraient dépourvus desdits objets.

ARTICLE 2. — La commission est composéé, savoir :

MM. J. CHILLET,

    F. VALENTIN,

    J.-M. BOUDAREL,

    A. ROBICHON,

    HERVIER,

    MEUNIER,

    C. CASTEL,

    CORNU,

    H. PASCAL,

    C. CORRON,

    E. SIGAUD,

    C. BRUN.

MM. Hervier, J.-M. Boudarel et Meunier, empêchés par d'autres occupations, donnèrent leur démission.

La commission a élu immédiatement son bureau.

M. C. Corron, élu président, a, plus tard, donné sa démission pour raison de santé, sans pour cela cesser de prêter à notre œuvre son précieux concours.

Le bureau a été définitivement constitué de la manière suivante :

Antonius ROBICHON, *président* ;

C. BRUN, *trésorier* ;

C. CASTEL, *secrétaire.*

Les seules espérances de l'œuvre étaient fondées sur la charité publique, et il a fallu que cette charité fut intarissable ; car, lorsqu'à notre tour nous l'avons invoquée, de fortes sommes avaient déjà été recueillies par le comité de secours dont nous venons de parler.

Pleins de confiance cependant dans la générosité de nos concitoyens, nous leur avons adressé cet appel :

Appel du Comité.

« Chers concitoyens, la commission des ambulances est
« créée dans le but de demander pour les blessés de nos
« valeureuses armées les secours de votre humanité et de
« votre patriotisme.

« Elle sollicite, de chacun de vous, les dons en argent
« ou en nature, en un mot, tout ce qui peut contribuer au
« soulagement des victimes de nos derniers désastres.

« Est-il besoin dans ces jours d'extrême douleur, d'in-
» voquer vos sentiments généreux ? Non, nous avons tous
« frémi ensemble.

« Nous donnerons au monde la preuve que nous som-
« mes plus unis dans l'infortune que dans la prospérité,
« que l'amour de la plus sainte des causes a réuni nos
« mains pour panser les blessures de nos braves soldats,
« que la France enfin, féconde en héros, est aussi la source
« intarissable des nobles dévouements.

« Et maintenant, venez à nous, femmes de toutes les
« classes de la société ; par notre voix, le pays vous con
« voque dans ses ambulances ; c'est là votre champ de
« bataille, où, comme ceux que vous soulagerez, vous trou-
« verez une digne récompense dans le sentiment du devoir
« accompli. »

Quelques jours après, le Comité avait à sa disposition une somme importante ; de plus, une quantité considérable de dons en nature ; le tout recueilli principalement dans notre ville et dans le département ; un certain nombre de souscriptions ont été aussi recueillies à l'étranger.

Les journaux de la localité, au concours desquels nous devons beaucoup, ont publié les listes de souscriptions. Chaque jour, on y voyait, avec intérêt, figurer différents ateliers de notre manufacture d'armes ; la modeste obole de l'ouvrier est devenue ainsi, en s'accumulant, une de nos plus puissantes ressources. (Voir la *Situation financière*.)

Ce début nous donna le courage de la confiance, en nous faisant voir que notre œuvre était fondée sur une base solide : la sympathie de nos concitoyens.

Aussitôt après la création de notre œuvre nous avons donc pu en aborder le côté pratique.

II

ORGANISATION DES AMBULANCES; LEUR STATISTIQUE; L'AMBULANCE ANNEXE DE L'HOTEL-DIEU.

Dès le principe, nous avions organisé au sein de notre ville deux grandes ambulances, installées, l'une au lycée, l'autre dans les bâtiments du collége Saint-Michel. Mais, avant même que l'installation fût commencée, ces deux établissements avaient reçu une autre destination.

Le travail du Comité aurait été singulièrement simplifié si ce premier projet avait été suivi.

Nous ne regrettons pas aujourd'hui qu'il ait été abandonné. Les bons résultats qu'a produits la dispersion des malades en de nombreuses ambulances, nous ont fait apprécier les inconvénients qu'aurait entraînés l'agglomération de nos malades dans deux seuls établissements,

En conséquence, c'est encore à la charité privée qu'il nous fallut recourir pour loger nos blessés. On sait avec quelle spontanéité les offres affluèrent de tous les points du département.

Il s'agissait d'un concours vraiment patriotique, la ville de Saint-Etienne a tenu à honneur de prendre le premier rang. Nous laissons parler les chiffres, ils portent avec eux leur éloge.

Liste des Ambulances sédentaires
de Saint-Etienne.

1° Bureau de bienfaisance, rue de l'Hôpital : directeurs, MM. les Administrateurs du bureau de bienfaisance ; docteur, M. Million ; nombre de lits, 35.

2° Ecole des mines, à Chantegrillet ; directrices, Mmes Sœurs de Saint-Vincent ; docteur, M. Maurice ; nombre de lits, 27.

3° Mme veuve Buisson, au Mont ; directrice, Mme veuve Buisson ; docteur, M. Jozan ; nombre de lits, 20.

4° MM. Milliant et Halder, en Champagne ; directeur, M. Milliant ; docteur, M. Fabreguettes ; nombre de lits, 12.

5° M. Théolier, rue des Rives, n° 28 ; directeur, M. Théolier et les Sœurs de Saint-Vincent-de-Paul ; docteur, M. Soulé, nombre de lits, 36.

6° M. Milliant, rue Tarentaise ; directeur, M. Marandon et les Dames de l'Instruction ; docteurs, MM. Jozan et Rimaud ; nombre de lits, 26.

7° M. Bayard, place Jacquard ; directeur, M. Michallet et

les Dames de l'Instruction ; docteur, M. Jozan ; nombre de lits, 50.

8° Annexe de l'hôpital ; directeurs MM. les administrateurs des hospices ; docteurs, MM. les médecins de l'hôpital ; nombre de lits, 110.

9° Maison d'arrêt, directeur, M. de Grassin ; docteur, M. Maurice ; nombre de lits, 30.

10° M. Castel, à Tardy ; directeur, M. Castel ; docteurs, MM. Cordier et Giraud ; nombre de lits, 4.

11° Petites Sœurs des Pauvres, rue des Noyers ; directeurs, MM. les administrateurs ; docteur M. Duplain ; nombre de lits, 10.

12° M. David André, rue de la Bourse, n° 18, directeur, M. David ; docteur, M. Cordier ; nombre de lits, 11.

13° M. Palluat de Besset, au Coin ; directeur, M. Palluat ; docteur, M. Cordier ; nombre de lits, 5.

14° MM. Peyret, Tézenas et Bastide, rue Brossard, n° 9 ; directeurs, MM. Peyret, Tézenas et Bastide ; docteur, M. Million ; nombre de lits, 7.

15° M. Coignet, place Saint-Charles, n° 5 ; directeur, M. Coignet ; docteur, M. Bruny ; nombre de lits, 6.

16° MM. Corron et Vignal, à Valbenoite ; directeur, M. Corron ; docteur, M. Fabreguettes ; nombre de lits, 5.

17° M. Delphin, curé, rue du Parvis-Nôtre-Dame ; directeur, M. Delphin ; docteur, M. Michalowski ; nombre de lits, 10.

18° Visitation, directrices les Dames de la Visitation ; docteur, M. Million ; nombre de lits, 10.

19° Ecole de l'Etrat, directrices, les Sœurs de l'Etrat ; docteur, M. Chetail ; nombre de lits, 15.

20° M. Guitton-Nicolas, place Marengo, n° 7 ; directeur, M. Guitton ; docteur, M. Gallois; nombre de lits, 6

21° Jeu de l'arc, rue Désirée ; directeur, M. Bard ; docteur, MM. Gallois et Bruny ; nombre de lits, 18.

22° Jeu des archers de l'Union, rue Désirée, n° 46 ; directeurs, M. Deschaud et les Sœurs de Saint-Joseph ; docteurs, MM. Gallois et Magdelain ; nombre de lits, 17.

23° M. Holtzer, Firminy ; directeur, M. Holtzer ; docteur, M. Duchène ; nombre de lits, 12.

24° Mᵐᵉ Chapelon, place Marengo (Nord) ; directrice, Mᵐᵉ Chapelon ; docteur, M. Jozan ; nombre de lits, 6.

25° M. Poidebard, à Saint-Paul-en-Jarret ; directeur, M. Poidebard ; docteur, M. Jayet ; nombre de lits, 8.

26° M. Giron (aîné), à la Fouillouse ; directeur, M. Giron; docteur, M. Giraud ; nombre de lits, 6.

27° M. Giron, à Chantegrillet ; directeur, M. Giron ; docteur, M. Jozan ; nombre de lits, 6.

28° Les Frères de Valfleury ; directeurs, MM. les Frères de Valfleury ; docteur, M. Garcin ; nombre de lits, 6.

29° La Compagnie des mines de Firminy et de Roche-la-Molière ; directeurs, MM. les administrateurs des mines ; docteur, M. Duchène ; nombre de lits, 6.

30° M. Henry Descours ; directeur, M. Henry Descours ; docteur, M. Duchène ; nombre de lits, 24.

31° La Compagnie de Roche-la-Molière ; directeurs la Compagnie de Roche-la-Molière ; nombre de lits, 6.

32° Hospice de Firminy ; directeurs, MM. les administrateurs ; docteurs, MM. Gonon et Duchène ; nombre de lits, 20.

33° Hospice de Saint-Galmier ; directeurs, MM. les administrateurs ; docteur, M. le médecin de l'hospice ; nombre de lits, 20.

34° Hospice de Saint-Jean-Bonnefonds ; directeur, M. de Rochetaillée ; docteur, M. Chetail ; nombre de lits, 9.

35° Ecole des Frères, rue Désirée ; directeurs, les Frères des Ecoles chrétiennes ; docteur, M. Jaussand ; nombre de lits, 14.

36° Sourds-Muets, Sainte-Barbe ; directeurs, les Frères des Ecoles chrétiennes ; docteur, M. Duplain ; nombre de lits, 12.

37° Frères Maristes, à Valbenoite ; directeurs, les Frères Maristes ; docteur, M. Garcin ; nombre de lits, 12.

38° Compagnie de Terrenoire ; directeur, M. Euverte ; docteur, M. André ; nombre de lits, 12.

39° M. Descours, à la Fouillouse ; directeur, M. Descours ; docteur, M. Giraud ; nombre de lits, 6.

40° Hospice de la Fouillouse ; directeur, M. l'abbé Trinquet ; docteur ; M. Garin ; nombre de lits, 6.

41° Mme Chapelon, place Marengo (Midi) ; directrices, les Dames de l'Instruction et les Sœurs Saint-Charles ; docteurs, MM. Jozan et Magdelain ; nombre de lits, 25.

42° M. Testenoire, rue de la Bourse ; directeur, M. Testenoire ; docteur, M. Pitiot ; nombre de lits, 7.

43° M. F. Neyron, à Méons ; directeur, M. F. Neyron ; docteur, M. Jozan ; nombre de lits, 4.

44° Comité de secours, ambulance de la gare ; directeurs, MM. les membres du Comité de secours ; docteurs, MM. Maurice et Giraud ; nombre de lits, 30.

45° M. Fernandez, rue Saint-Louis ; directeur, M. Fernandez ; docteur, M. Duplain ; nombre de lits, 8.

46° Aix-les-Bains (hospice thermal) ; directeur, M. Gaches, économe-directeur de l'établissement ; docteurs,

MM. les médecins de l'établissement ; nombre de lits, 10.

47° Particuliers, directeurs divers, docteurs divers, nombre de lits, 110.

48° Ambulance des convalescents à la caserne, directeur, M. Mercadier, médecin-major du 93ᵉ de ligne.

Cette dernière ambulance a reçu notamment, après guérison, ceux qui, par la nature de leurs blessures, peuvent avoir droit ultérieurement à une pension et qui en attendent la liquidation.

Total des lits, 855.

Beaucoup d'autres offres ont été faites, mais n'ont pas été acceptées. Il a paru sage au Comité de borner là le nombre de ses ambulances.

Le chiffre total des lits qui ont été mis à la disposition des blessés, dans le département, est de 1,284, dont 855 lits à Saint-Etienne ; 55 à Rive-de-Gier ; 147 à Montbrison ; 40 à Saint-Chamond et 187 à Roanne.

L'ambulance, annexe de l'hôpital, a été le complément indispensable de toutes les autres,

Elle a été organisée par les soins des administrateurs des hospices sur la demande de notre Comité.

Elle comprenait 110 lits, dont 80 avaient été fournis par le Comité. Ce sont les Sœurs de cet établissement qui en ont pris la direction. Elle recevait, à leur arrivée, les hommes qui étaient le plus grièvement blessés et ceux qui étaient atteints de maladies contagieuses.

Les services que nous a rendus cette création sont immenses. Privés de cette ressource nous aurions été obligés de fonder, à grands frais, hors de la ville, un établissement qui n'aurait jamais réuni les mêmes avantages.

Cette dispersion des blessés, dans les diverses ambulances et chez les particuliers, nécessita une organisation nouvelle et plus complète du Comité ; il se déclara en permanence pour toute la durée de ses fonctions, et dut s'adjoindre tout un personnel pour les écritures, la comptabilité, la correspondance. Nos nouveaux collaborateurs ont largement contribué, par leur zèle et leur dévouement sans bornes à la réalisation du plan que nous avions conçu : plan trop vaste d'ailleurs pour nos seules forces.

Est-il besoin d'ajouter que tous les services ont été gratuits ?

Le Comité central de Saint-Etienne a été en correspondance avec ceux de Saint-Chamond, Rive-de-Gier, Montbrison et Roanne.

C'est au nôtre, du reste, qu'était dévolu le soin de diriger les blessés sur les différentes ambulances du département; chacun de ces comités avait une administration particulière et jouissait de toute sa liberté d'action.

Une instruction circulaire de M. le sous-intendant militaire du département de la Loire à Messieurs

Les sous-préfets,

Les maires,

Les membres du Comité de secours aux blessés,

Les membres des administrations des hospices,

Les médecins,

Réglait ainsi nos attributions :

« Un comité central de secours, établi à Saint-Etienne
« par décision de M. le préfet, en date du 9 septembre, a
« pour mission, de concert avec le sous-intendant militaire,
« de coordonner les ressources de toutes les localités du

« département et d'y envoyer les malades ou blessés à
« mesure qu'ils arriveront.

« Toute demande, toute offre doit donc être adressée,
« soit au sous-intendant militaire, soit à ce Comité, lequel
« n'a, d'ailleurs, pas à s'immiscer dans la constitution inté-
« rieure des ambulances ou des autres comités qui conser-
« vent pleinement, sous ce rapport, leur initiative et leur
« liberté d'action. »

III

CHOIX ET DISPOSITION DES LOCAUX ; ORGANISATION INTÉRIEURE DES AMBULANCES.

Dans le choix des locaux, le Comité s'est laissé guider
par les règles les plus élémentaires de l'hygiène qu'il a con-
ciliées, autant que possible, avec la nécessité du service.
Il a donné la préférence aux établissements situés à la campagne, sans être trop éloignés de la ville, à ceux qui étaient
voisins des places publiques ou pourvus de jardins.

Ces précautions étaient prises tout aussi bien dans l'intérêt de la santé des malades, que dans celui de la salubrité
commune. C'est grâce à ces précautions qu'aucune épidémie n'a résulté de la présence d'un nombre si considérable
de malades dans notre ville, en sus du nombre normal.

Le Comité, afin de faciliter sa tâche, s'est appliqué à
donner à toutes ses ambulances la même organisation.

Toute ambulance complète avait son dortoir, son réfectoire, sa cuisine et sa lingerie.

A la tête de chacune était placé un directeur auquel

'autorité militaire avait conféré les pouvoirs nécessaires, pour assurer le bon ordre.

Chaque ambulance avait aussi sa comptabilité particulière qui était confiée aux soins d'une personne de la maison. Tous les livres ont été tenus avec une régularité qui a beaucoup diminué notre travail.

La partie la plus difficile de la tâche à accomplir consistait, sans contredit, dans les soins de tous les instants qu'il fallait donner aux malades.

Là se présentaient des difficultés que le zèle le plus actif ne pouvait suffire à surmonter.

Nous fîmes un appel à tous les dévouements ; il fut entendu : religieuses, dames, ouvrières acceptèrent avec joie les fatigues de cette pénible mission. Elles ont su se multiplier avec les besoins, toutes ont été pour nos malades de vraies sœurs de charité.

IV

SERVICE MÉDICAL ET PHARMACEUTIQUE; AFFILIATION A LA SOCIÉTÉ INTERNATIONALE DE GENÈVE.

Dès que la création des ambulances sédentaires a été décidée, l'attention du Comité s'est naturellement portée sur la nécessité d'établir un service médical régulier. C'est à MM. les médecins eux-mêmes qu'il s'en est remis pour l'organisation de ce service.

Il savait bien qu'à côté des lumières nécessaires, se trouverait le dévouement non moins indispensable.

Le 28 septembre 1870, a eu lieu, au Palais-des-Arts, une

réunion où tous les médecins et pharmaciens de la ville avaient été convoqués par les soins du bureau de la société de médecine de Saint-Etienne et de la Loire, et sur la demande du Comité des ambulances sédentaires, en vue d'organiser un service médical et pharmaceutique en rapport avec les besoins de la situation.

Procès-verbal a été dressé de cette séance, nous en donnons les dispositions les plus importantes.

ORGANISATION DU SERVICE MÉDICAL ET PHARMACEUTIQUE DU COMITÉ DES AMBULANCES.

Une commission composée ainsi : MM. Michalowski, président de la Société de médecine de Saint-Etienne ; Guinard, vice-président ; Riembault, secrétaire ; Maurice, Million, Jozan, Jacob, est destinée à entrer en relations avec le Comité des ambulances.

Elle désigne suivant le mode qui sera indiqué plus loin, les médecins qui doivent entrer en fonctions ; elle surveille l'ensemble des divers services médicaux ; elle fournit au Comité tous les renseignements concernant l'appropriation des locaux, l'alimentation, la pharmacie, le personnel des infirmiers et toutes les questions, en un mot, qui sont du ressort de la science médicale.

Il y aura trois genres de services distincts. En effet, les malades ou blessés militaires arriveront par le chemin de fer. C'est à la gare qu'ils devront être soumis à un premier examen, d'après lequel ils seront dirigés, soit sur les hôpitaux, soit sur les ambulances, soit enfin sur les maisons particulières, suivant les maladies ou blessures dont ils seront atteints.

Nous avons donc établi les trois services suivants :

1° Service de répartition ou de la gare ;

2° Services des ambulances ;

3° Service des malades et des blessés chez les particuliers.

Nous ne parlerons pas des malades envoyés dans les hôpitaux ; ils sont soignés par les médecins de ces établissements, il n'y a donc pas à s'en occuper.

1° Service de la gare.

Tous les médecins de la ville de Saint-Etienne sont appelés à se faire inscrire pour ce service.

Quand la liste sera formée, les rangs seront fixés par un tirage au sort. Les retardataires seront inscrits à la suite du dernier. La commission désignera, par ordre d'inscription, les médecins portés sur la liste en nombre tel que l'expérience le jugera nécessaire.

Ils seront de garde, à tour de rôle et à des jours déterminés.

Les hommes, atteints de maladies ou de blessures graves, pourront être traités soit à l'Hôpital, soit aux ambulances, où ils trouveront une surveillance et des soins éclairés, que la meilleure volonté ne saurait suppléer.

Enfin, les particuliers recevront, d'ordinaire, les convalescents ou les hommes légèrement atteints qui auront surtout besoin de soins hygiéniques.

2° Service des Ambulances.

Une liste sera dressée de tous les médecins qui offriront

leur concours pour les ambulances ; et la commission les désignera successivement par rang d'ancienneté.

Ils dirigeront les services qui leur seront confiés pendant tout le temps de leur durée ; ils auront les attributions des chefs de service attachés aux grands hôpitaux.

La commission appellera, au plus tôt, l'attention du Comité des ambulances sur certains points importants, notamment sur la formation des infirmiers.

3° Service chez les particuliers.

C'est des trois services celui qui est le plus difficile à réglementer. Aussi est-il nécessaire de laisser à la commission une grande latitude.

Une liste sera formée, où tous les médecins de la ville pourront se faire inscrire. La commission choisira parmi les noms inscrits, en tenant compte, autant que possible, de toutes les convenances.

Telle est l'organisation du service médical qui a paru répondre aux exigences du moment.

Les médecins offrent leur concours gratuitement.

On le voit par ces extraits du procès-verbal, MM. les médecins ne se sont pas dissimulés l'importance de la tâche qui allait leur incomber.

Ils l'ont acceptée résolument et l'ont accomplie plus résolument encore.

Nous ne voulons mentionner personne ; car il faudrait citer tout le monde. Au reste, que seraient nos éloges auprès de la gratitude des familles et du pays.

MM. les pharmaciens auront aussi une large part de notre reconnaissance.

Nous citons les extraits suivants, relatifs au service pharmaceutique empruntés au procès-verbal de cette même séance, où a été organisé le service médical.

Service de la pharmacie.

Tous les pharmaciens sont appelés indistinctement à fournir des médicaments aux blessés et aux malades de l'armée, recueillis par les particuliers ou dispersés dans les diverses ambulances qui sont établies sur tous les points de la ville.

Chaque pharmacien produira son mémoire sans indication de prix. Une commission de trois pharmaciens, nommés par leurs confrères, au scrutin secret, fixera ces prix de telle façon que le fournisseur ne recevra d'autre rétribution que celle de ses déboursés.

La division du service a été réglée comme il suit : Les médicaments destinés aux blessés logés chez les particuliers qui n'offrent que le lit, seront fournis indistinctement par tous les pharmaciens, sur la présentation toutefois d'une ordonnance portant l'estampille du *Comité central des ambulances sédentaires* ; toute ordonnance, ne portant pas cette estampille, n'aura aucun droit aux réductions de prix indiqués dans cet article.

Nous devons ajouter que non-seulement les médicaments ont été fournis aux ambulances à des prix très-réduits, mais encore qu'un certain nombre l'ont été avec la plus complète gratuité.

Affiliation à la Société internationale de Genève.

Le 4 décembre 1870, le Comité des ambulances sédentaires de Saint-Etienne a été affilié à la Société de secours
aux blessés des armées de-terre et de mer. Plus tard, reconnu par la Société de Genève, il a pu, en prévision de
toute éventualité, couvrir ses blessés du drapeau neutre.
La croix rouge a dès-lors flotté sur toutes nos ambulances
et en a été le signe distinctif.

DEUXIÈME PARTIE

I

NOS RAPPORTS AVEC L'INTENDANCE ET L'AUTORITÉ MILITAIRE;
PREMIERS SOINS A LA GARE; TRANSPORT DES BLESSÉS;
INTÉRIEUR DES AMBULANCES.

Nous venons d'exposer le plan d'organisation de notre œuvre.

Il est maintenant nécessaire de faire voir comment ce plan a été suivi et de montrer quelle extension lui a été donnée par la suite.

Issu de la nécessité de venir en aide aux hôpitaux militaires, le Comité a eu des rapports directs et constants avec l'intendance. Il doit remercier les divers fonctionnaires, avec lesquels il a été en relation, de la bienveillance qu'ils n'ont cessé de lui témoigner.

Nous nous félicitons sincèrement de cette communauté d'action qui a toujours existé entre nous et l'autorité militaire. Ainsi, sur notre demande, et pour éviter des abus reprochés à d'autres ambulances, les nôtres étaient soumises à un service d'inspection quotidienne.

Tous les jours, un officier de la place visitait nos établissements. Bien souvent, le général de la subdivision s'est fait conduire au milieu de nos soldats malades pour s'assurer par lui-même de leur état, et donner de bonnes paroles d'encouragement aux directeurs et au personnel de nos ambulances.

Aussi bien que les hôpitaux militaires, nous avions, comme il a été dit, des pouvoirs suffisants pour recevoir directement les blessés et les distribuer, à notre gré, dans les ambulances.

Lorsqu'un convoi devait arriver, ce qui avait lieu le plus souvent pendant la nuit, nous étions prévenus soit directement, soit par l'intendance ; nous avions soin, à notre tour, de prévenir MM. les membres du *Comité de secours aux blessés*, qui se transportaient aussi à la gare.

M. Guinard, pharmacien, président de la Société de médecine, était également averti et donnait avis au médecin qui, d'après son tour de rôle, était désigné pour le service de la gare.

C'était là qu'était faite, suivant les catégories de maladies, la répartition des blessés sur les différentes ambulances.

Les membres des comités offraient, sur leurs ressources, aux soldats qui en avaient toujours le plus pressant besoin, du bouillon, du vin, de la viande, ainsi que des vêtements chauds de toutes sortes.

Nous ne saurions parler des premiers soins donnés aux malades sans exprimer nos profonds sentiments de gratitude à la direction du buffet de la gare qui, jour et nuit, mettait son établissement au service des malheureux avec une complaisance et un désintéressement qui ne se sont jamais lassés.

A la gare, tous les omnibus disponibles attendaient nos malades. Nous nous efforcions de réunir le plus grand nombre possible de véhicules, afin d'éviter aux malheureux un trop long séjour dans les salles. Le service du transport a été un des plus onéreux.

Qu'on songe, en effet, qu'il y a eu des jours, où plus de 100 courses d'omnibus ont été faites pour le transport des blessés.

Les chiffres de répartition dans les différentes ambulances étaient déterminés d'avance, de telle sorte que cette répartition s'est toujours effectuée avec le plus grand ordre au fur et à mesure des besoins.

A son arrivée dans l'ambulance, le malade entrait dans une famille qui s'était imposé pour mission de remplacer la famille absente.

Les paroles nous manquent pour louer la sollicitude incessante, les attentions délicates et de tous les moments dont il était l'objet.

Jamais la charité n'a été plus habile à calmer la douleur par des ressources ingénieuses, et à charmer les ennuis des longues journées de convalescence ; ainsi des jeux de toutes sortes, des livres variés, des journaux offerts gratuitement étaient à la disposition des blessés.

A l'ambulance du Mont, par exemple, de petites fêtes, où des étrangers étaient invités, ont été données pour récréer les blessés ; à cette occasion, une quête était faite au bénéfice de ces pauvres malheureux.

Des excursions sur les bords de la Loire et dans les montagnes ont contribué largement au prompt rétablissement de nos malades.

Des promenades dans la ville étaient aussi autorisées.

Nous n'entreprendrons pas d'énumérer les mille soins,

les actes de générosité dont les blessés, assistés à Saint-Etienne, ont été l'objet dans les ambulances privées.

Nous renvoyons au rapport médical, qui termine l'exposé de nos opérations, pour tout ce qui concerne l'état sanitaire de nos ambulances. Mais nous tenions à dire un mot de l'état moral.

Nous n'hésitons pas à le publier hautement : au point de vue de la santé de l'esprit, qui a une si grande influence sur celle du corps, les ambulances privées ont présenté des avantages réels qui manquent aux grands hôpitaux. Dans nos ambulances, nos malades ont goûté le calme de la vie de famille et ont retrouvé les habitudes du foyer ; les cœurs semblaient plus satisfaits, le contact plus intime, les sympathies plus vives.

Des lettres nombreuses qu'on nous a mises sous les yeux nous en offrent de touchants témoignages.

II

LE DÉPART; ÉVACUATION DES BLESSÉS; EAUX THERMALES D'AIX EN SAVOIE; BAINS A SAINT-ÉTIENNE; SERVICES SIGNALÉS.

La plupart des malades sont sortis des ambulances aussi complètement rétablis que leur état antérieur le permettait.

Les ordres de rejoindre étaient donnés par le médecin de l'ambulance ; les feuilles de routes dressées par le Comité étaient remises à l'intendance, qui remplissait les dernières formalités.

Lorsque des malades, en voie de guérison, étaient évacués sur les villes du midi pour faire place à d'autres, ils étaient accompagnés par M. Buisson, dont le concours nous a toujours été des plus précieux.

Les soldats, envoyés en convalescence dans leur famille, ou renvoyés à leur corps, étaient pourvus par nous de vêtements chauds, et nous nous efforçions d'accroître la somme allouée, par l'intendance, pour les frais de route.

Tous ceux qui avaient besoin d'instruments, comme béquilles, jambes de bois, etc..... en ont été pourvus gratuitement.

Etablissement d'Aix.

Une de nos créations les plus utiles a été l'établissement à Aix (Savoie) d'une succursale des ambulances sédentaires de Saint-Etienne. Un de nos auxiliaires, que nous avons déjà cité tout à l'heure, a été chargé d'organiser cet important service.

Tous les blessés y compris les officiers et les sous-officiers du département, proposés par les médecins et chirurgiens des régiments, ont été, sans exception, envoyés, aux frais du Comité, en traitement aux eaux thermales. Nous ne pensons pas qu'une semblable institution ait été créée ailleurs ; elle a pourtant contribué au salut d'un grand nombre de nos blessés.

Une grande part des bons résultats qu'elle a produits est due au zèle et au dévouement de M. Gaches, économe, directeur de l'établissement thermal d'Aix, qui a mis au service de notre œuvre les lumières de son expérience.

On trouvera, du reste, dans les rapports médicaux et particulièrement dans celui de M. Mercadier, médecin-major du 93e de ligne, les résultats intéressants sur cette innovation.

Les bains de toute sorte n'ont pas été épargnés aux malades restés à Saint-Etienne. Nous avons usé largement de la générosité de Mme Favre-Chometton, propriétaire de l'établissement de la rue Marengo.

Une moyenne de 15 bains ou douches a été fournie journellement par cet établissement avec une gratuité absolue. Toute parole d'éloge serait donc superflue.

Il ne peut entrer dans les limites de notre travail de signaler tous les désintéressements dont notre œuvre a été l'occasion. Il en est cependant quelques-uns qui ont trop contribué à son existence pour que nous nous abstenions d'en faire mention.

Les grands froids qui ont signalé l'hiver de 1870 menaçaient de grever notre budget de grosses dépenses affectées au chauffage des ambulances.

Les compagnies de mines, auxquelles nous fîmes part de notre embarras, ont fourni gratuitement, pendant toute la durée de nos ambulances, le combustible nécessaire au chauffage et à la cuisine.

Nous devons aussi une mention spéciale de reconnaissance au bureau de bienfaisance de notre ville qui a facilité nos débuts en nous fournissant le premier matériel de literie dont le besoin était urgent.

III

SECOURS AUX CONVALESCENTS; RENTRÉES AU CORPS, CRÉATION D'UNE ÉCOLE; PLACEMENT DES BLESSÉS.

Les blessés, sortis de nos ambulances et qui sont actuellement rentrés en subsistances au corps, soit à Saint-Etienne, soit à Montbrison, attendant que leur situation fût régularisée, ne nous paraissaient pas suffisamment bien nourris. Le défaut de nourriture confortable menaçait de détruire, en peu de temps, tous les bons effets produits par nos soins. Nous nous sommmes adressés à M. le général pour lui offrir un crédit de 600 francs par mois en vue d'améliorer l'ordinaire des blessés.

Notre proposition fut acceptée ; nous avons secouru 400 blessés ou prisonniers arrivés d'Allemagne en mauvais état de santé ; de plus, nous leur avons fourni tous les vêtements chauds et les chaussures dont ils avaient besoin, ainsi que des jeux, des livres comme moyens de distractiou et d'occupation.

Nous avions pour mission de travailler de toutes nos forces à la guérison des blessés. Mais c'eût été trop peu de les arracher à la mort, pour les abandonner ensuite sans ressources, privés d'un membre ou ayant contracté, sur les champs de bataille, au service de la patrie, des infirmités qui les privaient de leurs moyens d'existence ordinaire.

Nous avons voulu les mettre en mesure de se procurer par l'étude une existence aisée, et nous nous sommes efforcés de les y aider en les instruisant et en les plaçant.

A cet effet, nous avons institué une école, où deux professeurs donnent quatre leçons par jour et enseignent à leurs élèves la lecture, l'écriture, la grammaire et le calcul.

Comme prime d'encouragement, des gratifications ont été promises à ceux qui montreraient le plus d'assiduité.

Nous sommes heureux de pouvoir dire que la plupart de nos élèves en ont été jugés dignes.

C'est un spectacle saisissant de voir ces pauvres mutilés apprendre à écrire de la main gauche, privés qu'ils sont de leur bras droit.

L'instruction que nous avons donnée a produit ses fruits. Grâce à elle, nous avons pu placer un certain nombre de soldats dans les administrations publiques, comme celles des télégraphes, des postes, des chemins de fer, de l'octroi, ou chez des particuliers.

Il est consolant de penser que ces hommes qui allaient être à charge à leurs parents et à l'Etat, pourront, au contraire, soulager leurs familles, et sous une autre forme, servir encore leur pays.

IV

DÉCÈS, FUNÉRAILLES; SOLENNITÉ FUNÈBRE; LE CIMETIÈRE.

Nous avons eu le bonheur de n'avoir eu à enregistrer sur 3,085 blessés formant un total de 70,135 journées de malades, qu'un nombre relativement très-faible de décès; le chiffre exact des soldats morts dans nos ambulances a été de 25 seulement.

Pour chaque blessé décédé, le Comité a eu soin de célébrer les funérailles avec une certaine solennité; les membres du bureau, accompagnaient le corps qui était précédé d'un piquet de soldats, puis suivaient tous les soldats blessés valides.

Un drapeau tricolore ornait le cercueil.

Le terrain qui sert de sépulture fut acheté, dans le principe, par le Comité, et plus tard, concédé par la ville pour

la durée de 5 années, toutes les fosses sont séparées et sur-
montées d'une croix.

Le 26 octobre 1871 un service funèbre a été célébré
à l'église Notre-Dame en l'honneur de nos soldats victimes
de la guerre de 1870 et 1871, morts dans les ambulances.

Nous empruntons les passages suivants au *Mémorial de la
Loire* qui a rendu compte de cette solennité que les nota-
bilités de la ville avaient tenu à honneur de réhausser par
leur présence.

« M. le préfet et sa famille, M. le général, M. le maire,
MM. les officiers de la garnison, les chefs des principales
administrations, le personnel médical, les membres des
deux Comités des ambulances y assistaient.

« Le clergé de toutes les paroisses s'était joint au clergé
de Notre-Dame.

« La décoration de l'église était des plus imposante et
pleine de goût.

« Le piquet d'honneur était formé par une compagnie du
93e de ligne derrière laquelle on remarquait un grand nombre de soldats blessés, venus pour donner un souvenir à leurs
frères d'armes.

« Pendant toute la cérémonie, la musique militaire et
les orgues ont fait entendre des morceaux religieux.

« La quête, faite à l'église Notre-Dame, a dépassé toutes
les espérances ; elle a, en effet, atteint le chiffre de 1,396
francs 75.

« Cette somme a été recueillie par : Mme André David,
directrice d'ambulance ; Mme Granger-Testenoire, directrice
d'ambulance ; Mme Epitalon-Barlet et Mme Jozan.

« Ces dames étaient accompagnées par M. de Chabrillant, commandant de cavalerie ; M. Benoît, commandant d'infanterie ; M. Camille Brun, trésorier du Comité ; M. Castel, secrétaire.

« Peut-être la somme aurait-elle été encore plus élevée, si le service avait été célébré dans une église plus vaste ; mais on ne peut qu'approuver le sentiment de délicatesse qui a dicté aux membres du Comité le choix de l'église de Notre-Dame : M. le curé de cette paroisse a entretenu, pendant toute la guerre, chez lui et à ses frais, une ambulance importante.

« MM. les membres du Comité des ambulances à qui sont dues l'initiative et l'organisation de ce pieux service, doivent être satisfaits ; une fois encore, ils ont fait du bien aux victimes de la guerre ; ils ont pu voir aussi combien l'œuvre généreuse, qu'ils poursuivent depuis plus d'un an avec tant d'abnégation et de dévouement, rencontre de sympathies.

« Les couronnes qui ont été déposées sur le catafalque, et les écussons à croix rouges qui ornaient l'église ont été recueillis dans une pieuse intention, ils orneront, au jour des morts, les 25 tombes des soldats décédés dans les ambulances de Saint-Etienne. Ces malheureux, morts loin de leur famille, ne seront donc pas oubliés.

« Le jour des morts, ajoute encore le *Mémorial*, parmi les tombes, on remarquait, non sans émotion, les places réservées aux soldats, morts à Saint-Etienne, de blessures ou de maladies à la suite des campagnes ou des batailles qu'ils avaient soutenues contre l'invasion.

« Sur chacune d'elles, disséminées çà et là dans le cimetière, on voyait, au milieu des fleurs, un groupe de drapeaux, dans lequel on avait réuni notamment le drapeau français et le drapeau des ambulances à la croix rouge.

« Ces soins ont été donnés à la mémoire de ces braves, ce pieux devoir a été rempli par le Comité des ambulances sédentaires de la rue de Lodi.

« Les mêmes mains qui leur avaient prodigué des secours jusqu'à la dernière heure ont encore assuré à ces morts un tombeau et les protégent contre l'oubli. »

Le 1er décembre, avait lieu la fermeture de notre dernière ambulance, celle de Mme Buisson au Mont ; elle contenait nos malades les plus intéressants, plusieurs d'entre eux avaient été frappés sur les champs de bataille de Wœrth et de Gravelotte, et il avait fallu 12 à 15 mois de soins assidus et de traitements éclairés pour arriver à une complète guérison.

M. le général de Roquebrune, commandant la subdivision de la Loire, accompagné de M. le commandant de place Dreux, voulut assister au départ de ces vétérans de nos ambulances ; il leur fit ses adieux en termes touchants, et saisit l'occasion qui lui était offerte pour remercier, tant en son nom qu'en celui de l'armée tout entière, les personnes qui avaient concouru avec tant de dévouement à l'œuvre des ambulances sédentaires. Nous sommes heureux de pouvoir rappeler ce nouveau témoignage de gratitude envers notre pays ; il nous prouve, une fois de plus, que la reconnaissance est une des premières vertus du soldat.

Abordons maintenant le chapitre de nos recettes et de nos dépenses.

V

**Recettes du Comité central des Ambulances
de Saint-Etienne.**

Souscription des ateliers de la Manufacture d'armes . . . . :	15,352	»
Souscriptions diverses.	27,557	95
Reçu de M. Luinet, capitaine de la 7me compagnie du 6me bataillon. . . . . , .	93	80
Objets vendus à la fermeture des ambulances.	75	»
Résultat de la quête du 26 octobre à Notre-Dame	1,396	70
Sommes reçues de l'intendance.	31,299	20
Intérêt des sommes versées chez M. Guérin fils.	210	05
Excédant de l'ambulance des convalescents . .	158	35
Total.	76,143	05

**Dépenses du Comité central des Ambulances
de Saint-Etienne.**

Frais d'ambulances	42,913	30
Soldats convalescents à la caserne de Saint-Etienne et de Montbrison	2,152	10
Frais de bureau	1,268	80
Linges, couvertures, effets mobiliers. . . .	8,562	65
Comptes des pharmaciens	4,888	45
Soldats aux eaux thermales.	2,308	10
Secours aux familles.	3,329	25
Transports, courses de voitures pour les blessés	2,098	50
Locaux, agencements.	2,217	15
Ecoles pour les blessés.	1,200	»
En caisse.	5,204	75
	76,143	05

On sait que le ministère de la guerre, par un décret en
date du 29 octobre 1870, avait fixé à un franc le prix de la
journée de malade, qui devait être accordé aux divers
comités des ambulances. Quoique cette allocation soit bien
faible relativement aux frais d'entretien, nous ne demande-
ons pas néanmoins la compensation intégrale de nos journées, attendu que beaucoup de nos blessés sont restés dans
nos ambulances pendant un certain nombre de jours, sans
que leur position fût complètement régularisée et par là
nous donnât le droit de toucher la somme fixée par le décret.
En outre, nous avons reçu dans nos ambulances un grand
nombre de soldats qui étaient envoyés en convalescence
sans moyens suffisants d'existence ou d'autres dont les
corps étaient licenciés.

Ce mode d'action du Comité qui consistait à rendre, sans
aucune réserve, le plus de services possibles à tous ceux
qui avaient combattu pour la patrie, n'a pu, comme on le
pense bien, qu'augmenter nos sacrifices, en diminuant sensiblement la moyenne de l'allocation accordée par l'Etat
pour chaque journée de malades.

On n'aurait qu'une idée bien imparfaite des sacrifices faits
en faveur de notre œuvre, si l'on ne voulait voir que les
chiffres que nous venons de donner dans notre exposé finan-
cier. Ces chiffres paraîtront bien peu de chose, à côté de
tout ce qui a été fourni gratuitement à nos ambulances.
Ainsi, en ajoutant aux sommes données par les souscripteurs et à celles qui furent allouées par l'intendance, l'éva-
luation de tout ce qui a été procuré à nos malades, par
exemple, objets de literie, représentant à eux seuls, une
valeur de 90,000 francs, locaux, dons en nature, combus-

tibles, bains, frais d'installation et d'entretien des ambulances par les directeurs, fournitures des pharmaciens, gratuité des services médicaux, etc , etc..., nous arriverions à une estimation à peu près exacte du concours donné par notre ville aux ambulances sédentaires, et nous atteindrions aisément le chiffre énorme de 350,000 francs.

Toutes les sommes, recueillies par le Comité central, ont été affectées à l'entretien des malades et des blessés reçus dans les 48 ambulances dirigées par le Comité de Saint-Etienne.

Les autres comités du département, ayant eu des ressources suffisantes et s'étant administrés eux-mêmes, nous n'avons pas eu besoin de leur venir en aide.

Quoique notre mission ne fût pas de secourir les familles de nos blessés, nous en avons néanmoins assisté 30 parmi les plus intéressantes. Une somme de 3,329 fr. 25 c. a été destinée à cet emploi, comme on l'a vu à l'article de nos dépenses.

A la fermeture des ambulances, tous les objets, restés sans emploi, ont été distribués, soit aux soldats blessés convalescents, soit aux établissements de charité qui servent d'asile aux vieillards et aux orphelins.

On voit par l'exposé de notre situation financière que, malgré la durée de notre œuvre, et tant de travaux entrepris et menés à bonne fin, il reste au Comité quelques ressources qui lui permettront de faire encore un peu de bien. L'emploi de ces derniers fonds a été déterminé de la manière suivante, dans la séance du 11 juillet 1871 :

Ils aideront à poursuivre et à compléter notre œuvre par l'instruction que nous continuerons à donner à nos blessés et par les secours soit en nature, soit en argent, que nous accorderons aux familles des militaires qui ont le plus souffert de la guerre, et à nos convalescents que nous ne saurions oublier.

En résumé, les ambulances sédentaires de Saint-Etienne ont rendu de réels services.

Ainsi, après le désastre de la Loire, il a été possible de recevoir, en un seul jour, dans notre ville, près de mille blessés. Jamais nous n'avons été pris au dépourvu ; toujours, au contraire, nous avons sollicité pour nos ambulances de nouveaux blessés. Nous avons donc la conscience de quelque bien accompli, et nous nous empressons d'en reporter le mérite à nos généreux concitoyens, à ces directeurs d'ambulances qui n'ont reculé devant aucun sacrifice, au corps médical de Saint-Etienne représenté par plus de 20 médecins que n'a arrêtés aucune fatigue, à bien d'autres que nous ne pouvons citer et qui ont prêté leur concours à notre œuvre de charité, à tous ceux enfin qu'un regrettable oubli, dont nous ne saurions à aucun prix être responsables, a laissés en dehors de la distribution des récompenses décernées, sans notre entremise, par la Société internationale de secours. C'est à tant d'utiles et généreux coopérateurs que reviennent, à juste titre, des éloges unanimes et de nombreux témoignages de reconnaissance dont nous nous bornons à être les humbles interprètes.

Le Comité des ambulances sédentaires vient de décider qu'une allocation de 50 à 70 centimes par jour serait accordée pendant quatre mois, à partir du 15 janvier jusqu'au 15 mai, à un certain nombre de soldats amputés ou blessés, choisis principalement parmi les soldats de Saint-Etienne et du département qui ont le plus souffert de la guerre.

APPENDICE

—

Il nous est impossible de reproduire toutes les lettres, pleines d'encouragements et de sympathies qui nous ont été adressées en faveur des bienfaiteurs de l'œuvre. Nous n'en mentionnerons que quelques-unes, émanant des autorités compétentes. En les lisant, nos charitables collaborateurs auront le droit d'être fiers et satisfaits.

Le 21 juin 1871, M. le général commandant la subdivision de la Loire, écrivait au président du Comité des ambulances sédentaires :

8me DIVISION MILITAIRE. — 2me SUBDIVISION.

—

« Saint-Etienne, le 21 juin 1871.

« Monsieur,

« Je vous adresse tous mes remerciements pour la nouvelle preuve de dévouement que le Comité des ambulances sédentaires de Saint-Etienne vient de donner à nos braves soldats blessés ou malades rentrés dans nos rangs, en leur accordant les moyens d'améliorer sensiblement leur ordinaire.

« J'étais trop prévenu par tout ce qui a été fait déjà par

« le Comité des ambulances de Saint-Etienne pour être sur-
« pris de cette nouvelle générosité, et je ne saurais trop
« vous prier d'exprimer à ceux de ces Messieurs qui le com-
« posent, combien j'en suis reconnaissant.

« Non-seulement je suis heureux de voir que nos soldats
« ont été l'objet de soins si éclairés, d'exemples et de con-
« seils si salutaires; mais pour mon compte personnel,
« j'éprouve, je vous assure, Monsieur, en pensant à tout ce
« que vous avez fait, un sentiment de douce satisfaction
« et d'heureux espoir ; car il me semble que notre pauvre
« France qui renferme encore tant de dévouement, tant de
« générosité, tant de cœurs si pleins de charité chrétienne,
« retrouvera un jour toutes les nobles vertus qui ont fait sa
« grandeur et qui l'avaient placée au premier rang des na-
« tions Européennes.

« Veuillez agréer, etc...

« *Le général commandant la subdivision
de la Loire,*

« Général DE FONTANGES. »

Plus tard, à la date du 19 août, dans un rapport adressé
à M. le préfet, par M. le général de Fontanges, nos efforts
sont ainsi appréciés :

« Saint-Etienne, le 19 août 1871.

« Monsieur le préfet,
« Il existe à Saint-Etienne une œuvre éminemment phi-
« lanthropique qui, depuis le commencement de la guerre,
« rend à l'armée les services les plus bienveillants et les
« mieux entendus. Cette œuvre vous la connaissez, vous

« avez bien voulu déjà visiter ses établissements et appré-
« cier la direction éclairée qui a présidé à toutes ses opéra-
« tions. C'est l'œuvre des ambulances sédentaires du dépar-
« tement de la Loire.

« Le rapport que j'ai l'honneur de vous transmettre et
« qui m'a été adressé par M. le major de la garnison, ainsi
« que le rapport du Comité central de l'œuvre, qui y est
« joint, rend un compte exact de tous les avantages que
« l'armée a retirés de cette institution qui, dès le début,
« a pu satisfaire à toutes les exigences de la situation,
« grâce au bienveillant concours d'une partie de la popu-
« lation stéphanoise.

« Il m'appartient de témoigner à MM. les membres du
« Comité des ambulances sédentaires, la reconnaissance de
« toute l'armée pour tant de dévouement et pour des ser-
« vices si judicieusement rendus ; et c'est toujours ce que
« j'ai cherché à faire, chaque fois que j'ai eu l'occasion de
« féliciter et de remercier MM. les membres du Comité.

« Mais ma tâche ne serait pas complétement remplie si
« je ne signalais à votre bienveillance et à votre justice
« la conduite si pleine de généreux sentiments de ces
« Messieurs.....

« Veuillez agréer, etc.,

« *Le Général de brigade, commandant*
la subdivision de la Loire,

« Général DE FONTANGES. »

M. le Préfet de la Loire, à la date du 11 octobre, com-
muniquait au président du Comité des ambulances un précieux document, émanant du ministre de l'intérieur :

PRÉFECTURE DE LA LOIRE.

—

RÉPUBLIQUE FRANÇAISE.

—

« Saint-Etienne, le 11 octobre 1871.

« Monsieur,

« Je suis heureux de vous transmettre la copie d'une
« lettre de M. le Ministre de l'intérieur, datée du 7 octobre,
« que je reçois à l'instant, et qui rend hommage au dévoue-
« ment et au zèle dont ont fait preuve les membres du
« Comité que vous présidez.

« Recevez, Monsieur, etc.....

« Pour copie conforme :

« *Le Préfet de la Loire,*

« DUCROS. »

MINISTÈRE DE L'INTÉRIEUR.

—

RÉPUBLIQUE FRANÇAISE.

—

« Versailles, le 7 octobre 1871.

« Monsieur le Préfet,

« J'ai lu avec un grand intérêt le rapport que vous
« m'avez adressé sur l'organisation des ambulances de la
« Loire et sur les services qu'elles ont rendus pendant la
« guerre.

« J'applaudis comme vous au patriotisme des hommes
« de cœur, qui ont si efficacement contribué au soulage-
« ment de nos malades et de nos blessés, et je vous prie,
« Monsieur le Préfet, de transmettre l'expression de la gra-
« titude du gouvernement aux deux comités organisateurs,
« ainsi qu'au personnel de tout ordre qui lui ont prêté
« le concours de leurs lumières ou de leur dévouement.

« Recevez, etc.....

« Pour copie conforme :

« *Le préfet de la Loire*,

« Ducros. »

NOTES

SUR LES AUTRES COMITÉS DU DÉPARTEMENT

1° COMITÉ DES AMBULANCES SÉDENTAIRES DE RIVE DE GIER.

Une ambulance de 55 lits, fournis par les habitants, a été organisée à Rive-de-Gier. Elle était installée dans la maison des Frères de la doctrine chrétienne.

Cette ambulance a reçu 204 malades, représentant 3,517 journées de maladies. Ouverte le 16 décembre 1870, elle a été fermée le 22 avril 1871.

Les soins étaient donnés par les Sœurs de la Providence des orphelins, qui se sont acquittées de leur tâche avec le plus grand dévouement.

Recettes :

Souscriptions de l'œuvre.	4,447	20
Dons divers.	1,049	75
Versements de 10 communes du canton. . .	2,222	70
Total	7,720	25
Dépenses.	7,314	65
Différence	405	60

Cet excédant a été versé dans la Caisse du *Comité de secours aux blessés de terre et de mer et des familles ayant leur soutien sous les drapeaux.*

Liste des médecins qui ont donné des soins aux blessés.

MM. les docteur HUMBERT ;

— HERVIER ;

— KOSAKIEWICK.

Noms des membres du Comité.

MM. RICHARME Pétrus, maire, *président honoraire ;*

RUSSERY, Charles, *président ;*

BAYON fils, *secrétaire ;*

PALUY Jean-Claude, *trésorier ;*

FAYARD Victor ;

MARREL Charles ;

IMBERT Louis ;

CHIRAT fils aîné ;   *membres,*

BRUNON Barthélemy ;

THÉVENET-MOUSSY ;

THIAULT fils.

Comité des dames.

Mmes ALLIMAND François ;

BAYON ;

HUTTER ;

COSTE ;

MARREL aîné ;

DESFLASSIEUX Barthélemy ;

RUSSERY.

2° COMITÉ DE MONTBRISON.

Une souscription a été ouverte, au début de la guerre,

pour le soulagement des blessés, et pour les victimes de la guerre.

Le Comité songea bientôt à établir des ambulances sédentaires, et se mit en relation avec l'intendance et avec le Comité central de Saint-Etienne, en faisant connaître le nombre de lits qu'il pouvait mettre à la disposition des blessés.

Il était organisé depuis longtemps quand le premier convoi lui fut adressé.

Le nombre des blessés et malades qui ont été reçus à Montbrison est resté bien au-dessous de celui des lits préparés par le Comité. Un bien plus grand nombre d'ambulances auraient pu être organisées, si le besoin s'en était fait sentir.

Il eut été facile au Comité de centraliser les offres et les ressources des sept cantons de l'arrondissement de Montbrison ; par ce moyen il aurait été en mesure, en adressant de nouveaux appels à la charité publique, de faire face à tous les besoins.

Le service des ambulances n'a absorbé qu'une faible partie des souscriptions, dont le montant s'est élevé à la somme de 12,291 fr. 65 c.

Le nombre des militaires répartis, soit dans les ambulances, soit dans les cantons voisins, a été de 101.

MM. les docteurs Rey et Dulac ont été chargés de soigner les blessés reçus à l'hôpital. Ils ont également donné leurs soins aux autres ambulances ainsi que M. Pélardy.

Le nombre des lits offerts est de 147 ainsi répartis dans les ambulances suivantes :

Hôpital de Montbrison. . . . . 40 lits.

— de Saint-Bonnet. 10

— de Saint-Rambert 8

— de Champdieu. 6

Ambulance des souscripteurs de Montbrison, au Petit-Séminaire, directeur M. le supérieur, le nombre de lits aurait pu être doublé. 20

Ambulance des dames de Montbrison. 10

Ambulance de la maison d'arrêt. 10

Divers particuliers de la ville. 13

— — de Boën 10

— — de Noirétable. 10

— — de Sury 10

Liste des membres du Comité :

MM. BAZIN, *président ;*

HUGUET, *secrétaire ;*

GOURE, *trésorier ;*

DE MEAUX ;

REY ;

REYMOND ;

CHAVASSIEU ; *membres.*

DELMAS ;

CHAIZE ;

DE VILLENEUVE.

3° AMBULANCES SÉDENTAIRES DE SAINT-CHAMOND.

Sur l'initiative de M. le docteur Frédet fils, un grand

nombre d'habitants se réunirent au cercle de Saint-Chamond et organisèrent, séance tenante, un Comité d'ambulance.

A la date du 7 septembre, ce Comité fut affilié à la Société internationale de secours aux blessés.

Le bureau était ainsi composé :

MM. THIOLLIÈRE Henri, rentier, *président ;*
    FINAZ, notaire, *vice-président ;*
    BOUDINHON, directeur des mines, *secrétaire.*

Les dames de Saint-Chamond créèrent aussi un Comité et nommèrent :

Mmes HERVIER Gabriel, *présidente ;*
    NEYRAND-WILLIAMS, *vice-présidente ;*
    GRANGIER Ivan, *trésorière ;*
    BOUDINHON, *secrétaire.*

Nous devons signaler particulièrement, à l'attention et à la reconnaissance de tous, Mme Hervier, présidente du Comité des Dames, qui montra pour nos malheureux blessés le dévouement d'une sœur de charité ; à chaque instant, elle était au milieu d'eux s'occupant des moindres détails et leur prodiguant les soins les plus assidus. Elle les aimait et était aimée d'eux comme une mère.

Deux ambulances ont été établies à Saint-Chamond, l'une au collége, dans un corps de bâtiment qui avait été offert par les Pères Maristes ; les 20 lits qu'elle renfermait avaient été également fournis par eux, ainsi que par M. Francisque Richard.

Le docteur Frédet fils donnait ses soins aux blessés de cette ambulance, tout en y remplissant les fonctions de directeur.

L'autre ambulance, installée par les soins de MM. les administrateurs des hospices, dans une vaste salle de l'hôpital, contenait également 20 lits.

Elle avait pour directeur et médecin, M. Frédel père.

Le Comité n'a pas reçu autant de blessés qu'il l'aurait désiré, 80 seulement lui ont été adressés, soit par le Comité central de Saint-Etienne, soit par l'intendance.

Le total des dépenses était de 5,033 francs ; les recettes ont dépassé de beaucoup ce chiffre ; l'excédant, à la fermeture des ambulances, a été rendu aux souscripteurs.

Le Comité a supporté, à lui seul, tous les frais nécessaires pour le service des blessés dans les ambulances.

4° COMITÉ DE ROANNE.

MM. Joannès DEVILLAINE, négociant, *président :*

    J.-B. CAIRE, *vice-président ;*

    BERTHAUD, *trésorier ;*

    REUILLET, docteur-médecin, *secrétaire ;*

    DEVILLAINE Joseph ;

    DAUVERGNE, négociant,

    BARLERIN Jean, pharmacien,   *membres.*

    LAPOIRE Rémy, négociant,

    J. MICHALON,

Listes des médecins.

MM. BONNEFOY, COUTARET, DE VIRY, REUILLET, TALICHET, GROUSSEAU.

Liste des ambulances de Roanne.

304 malades ont été soignés dans les ambulances suivantes :

Hôpital de Charlieu.	20 lits.
— de Roanne.	50
Etablissement le Phénix	18
Hôpital de Perreux.	18
Petites Sœurs des Pauvres	12
Pensionnat des Minimes	10
Pensionnat des Sœurs Saint-Charles	10
M. de Renneville, au Côteau	6
M. Merle, du Bourg, à Perreux	6
Couvent de Pradines	12
M. de Vougy	6
M. Dreux, à Charlieu.	4
M. Desvernay	4
Hôpital de Montagny.	4
Les Frères de la Doctrine-Chrétienne	7

RAPPORTS DES MÉDECINS

Liste des médecins des Ambulances sédentaires
de Saint-Étienne.

MM. BÉROUD;
Bruny;
Chetail ;
Cordier ;
Duplain ;
Fabreguettes;
Gallois;
Garin ;
Giraud;
Jaussaud ;
Jozan ;
Magdelain;
Maurice;
Mercadier, médecin-major du 93me de ligne ;
Michalowski ;
Million ;
Pitiot;
Rimaud ;
Soulé ;
Tardieu ;
André, à Terrenoire ;
Duchêne, à Firminy ;
Gonon, à Firminy ;
Garcin, à la Grand'Croix.
Jayet, à Saint-Paul-en-Jarrêt.

RAPPORT MÉDICAL

SUR LES

AMBULANCES SÉDENTAIRES

DIRIGÉES PAR M. LE D' JOZAN.

—

SEPT AMBULANCES :

1° Ambulance de la rue Tarentaise, du 23 novembre 1870 au 20 janvier 1871. — 2° Ambulance de la place Jacquard. — 3° Ambulance de la place Marengo, 17. — 4° Ambulance de M. Marcelin Giron, à Chantegrillet. — 5° Ambulance de M. Neyron, à Méons. — 6° Ambulance de Mᵐᵉ vᵉ Chapelon, place Marengo. — 7° Ambulance de Mᵐᵉ vᵉ Buisson, au Mont.

A M. ROBICHON,

Président du Comité central des ambulances sédentaires de la Loire.

Monsieur,

J'ai l'honneur de vous adresser le rapport médical que vous m'avez demandé, concernant les faits que j'ai observés dans les sept ambulances confiées à mes soins pendant la douloureuse période que nous venons de traverser.

J'ai consigné jour par jour, sur des registres spéciaux, les diverses affections présentées par les malades, le traitement employé, les résultats obtenus. Ce travail a été parfois très-pénible, car il m'est arrivé souvent, en hiver, de faire plus de vingt kilomètres et de visiter plus de 100 malades dans un jour. J'ai, en outre, fait de nombreuses opérations.

Mon service a duré plus d'un an. Commencé le 23 novembre 1870, il n'a cessé que le 1er décembre 1871.

Les militaires reçus dans les ambulances sédentaires soumises à ma direction médicale, ont présenté des affections variées.

Pour mettre plus de précision dans l'exposé des faits, je classerai ces militaires en deux catégories, *malades* et *blessés*.

Dans la première catégorie, malades, je placerai tous les individus atteints d'affection non traumatiques, tous les autres seront placés dans la seconde catégorie. Je ferai suivre l'énumération de chaque maladie du traitement qui m'a donné les meilleurs résultats.

Presque tous les individus, reçus dans les ambulances au commencement, ont présenté un cachet bien accentué de chloro-anémie, quelle qu'ait été la nature de leur affection. J'ai cru devoir en attribuer l'origine à une mauvaise alimentation, à l'action du froid, de l'humidité, à de mauvaises conditions hygiéniques et à une souffrance morale profonde. Toutes ces causes réunies devaient fatalement entraîner une dépression de la vitalité.

Les maladies les plus fréquentes ont été les rhumatismes, les affections des voies respiratoires et de l'appareil digestif. Presque toutes les affections, pendant l'hiver, ont présenté plus de gravité que celles qui ont été observées lorsque le temps a été moins froid et moins humide.

PREMIÈRE CATÉGORIE.

Malades.

1° *Bronchite aiguë ou chronique.*

39 cas observés, le plus grand nombre sans gravité.

Tisannes pectorales ; laitage ; ipeca ; vésicatoires ; opium.

Tous ces malades ont guéri dans un laps de temps très-court.

2° *Pneumonies et pleurésies.*

36 cas observés, en général.très-graves.

Traitement. — Vésicatoires ; frictions sur la poitrine avec un mélange de teinture d'iode et d'huile de croton : préparations d'antimoine ; ipeca ; opium : médication alcoolique ; boissons pectorales aromatiques et résineuses. Un seul malade a succombé, il nous a été apporté mourant à l'ambulance du Mont, et est mort le lendemain de son arrivée sans qu'on ait pu lui faire aucune médication. J'étais présent lorsqu'on l'a amené à l'ambulance vers 7 h. du soir, par un temps affreux. Il donnait à peine quelques signes de vie.

3° *Hémoptysie.*

4 cas observés, tous très-graves.

Traitement. — Ipeca ; perchlorure de fer ; opium ; digitale ; vésicatoires ; limonade sulfurique ; lichen ; bourgeons de sapins ; goudron.

Tous guéris.

4° *Phthisie pulmonaire.*

5 cas observés, très-graves.

Traitement externe : Vésicatoires ; huile de croton ; teinture d'iode ; cautères.

Traitement interne : Oxide bl: d'antimoine ; arséniate de soude ; préparations d'opium ; hypophosphite de chaux ; lait d'anesse ; huile de foie de morue ; préparations de kina ; extrait de viande de Liebiq ; boissons aromatiques et résineux en très petite quantité ; les boissons abondantes poussent à la peau, affaiblissent le malade, fatiguent le tube digestif, nuisent à l'alimentation et à la nutrition.

Régime substantiel ; viandes saignantes ; vins généreux ; flanelle sur la poitrine.

Les modifications heureuses, constatées par l'auscultation et la percussion, ont toujours accompagné le développement de l'embonpoint.

Un malade a succombé, malgré les soins les plus assidus ; il avait, lors de son entrée à l'ambulance, une caverne énorme au sommet de chaque poumon. Les autres sont sortis, sinon entièrement guéris, du moins dans d'excellentes conditions.

5° *Laryngite et aphonie.*

4 cas observés de peu de gravité.

Traitement. — Gargarismes adoucissants ; boissons émollientes ; laitage.

Tous guéris.

6° *Péricardite.*

4 cas observés, très-graves.

Traitement. — Emissions sanguines ; vésicatoires ; cautères ; opium ; digitale ; ipéca ; purgatifs.

Trois de ces malades ont guéri, le quatrième a succombé,

son affection était chronique et datait de plusieurs années. Lorsqu'il est entré au service, comme garde mobile, il avait un œdème considérable des membres inférieurs. Jamais il n'a fait aucun service militaire ; en sortant de sa famille, il est entré à l'hôpital et de là à l'ambulance.

7° *Diarrhée.*

12 cas observés, tous très-graves.

Cette affection, très-fréquente au début (novembre 1870), a presque disparu plus tard (avril, mai 1871).

Traitement. — Cataplasmes émollients et calmants.

Médication interne : Préparations d'opium, de quinquina, d'airelles ; laudanum ; diascordium ; amidon.

Tous guéris.

8° *Dyssenterie.*

10 cas observés, graves.

Mêmes observations et même traitement que pour les malades atteints de diarrhée. On a ajouté au traitement l'emploi du ratanhia et du perchlorure de fer. Tous ces malades ont guéri.

9° *Entérite.*

25 cas observés. Beaucoup étaient très-graves et paraissaient surtout devoir être attribués à de mauvaises conditions hygiéniques et à une alimentation insuffisante. Presque tous étaient chloro-anémiques.

Traitement externe. — Applications calmantes.

Traitement interne. — Préparations d'opium, de quinquina ; flanelle sur le corps ; boissons fortement gommées ; bouillons et extraits de viande de Liébig ; thé de bœuf ; laitage ; alimentation légère d'abord, puis progressivement plus substantielle ; vin de Bordeaux.

Un grand nombre ayant éprouvé les tortures de la faim voulut manger plus que le régime prescrit et éprouva des rechutes.

Tous furent guéris en moins de temps qu'on n'aurait pu l'espérer au début.

10° Fièvre intermittente.

17 cas observés.

Tous les militaires atteints de fièvre intermittente ont été promptement guéris par les préparations de quinquina et le sulfate de kinine. Chez quelques-uns il y a eu gonflement de la rate. Deux étaient d'anciens militaires ayant eu la fièvre en Afrique.

11° Fièvre typhoïde.

27 cas observés. Les uns légers, le plus grand nombre extrêmement graves.

La médication a varié selon les indications. Les purgatifs, le quinquina, les préparations de kinine, d'acide phénique, d'opium, de camphre ; les frictions et les applications émollientes, le bouillon de poulet, l'eau vineuse, ont été les moyens les plus employés.

Tous ont guéri.

12° Accès pernicieux.

5 cas observés. Ce nombre relativement considérable a été fourni par des militaires venus du camp de Ratarieu. Le froid, l'humidité pendant la nuit, une mauvaise alimentation ont beaucoup contribué au développement de ces acci-

dents. Tous ont été d'une gravité extrême. Plusieurs de ces malades ont été à l'agonie et ce n'est qu'à l'aide du sulfate de kinine à haute dose (2 grammes par jour) que nous avons pu obtenir la guérison.

Tous ont guéri.

On a constaté au camp de Ratarieu plusieurs cas de mort, qui, je crois, doivent être attribués à des accès de cette nature. Des hommes se couchaient sous la tente en bonne santé, le lendemain matin on les trouvait morts.

13° *Ictère.*

4 cas observés, 2 étaient des ictères chroniques avec hypertrophie et induration du foie. Les malades qui en étaient atteints ont été renvoyés dans de bonnes conditions, mais non guéris. Les deux autres ont été guéris.

Médication externe : Vésicatoires ; teinture d'iode ; ceinture en flanelle.

Médication interne : Eau de Vichy; purgatifs; régime doux.

14° *Rhumatisme* { *musculaire.* / *articulaire.*

43 cas observés dont 4 étaient compliqués de péricardite, quelques-uns graves, le plus grand nombre très-légers.

Tous ont guéri.

Médication externe : Teinture d'iode ; vésicatoires ; huile de morphine camphrée; pommade belladonnée; laudanum; coton cardé.

Médication interne : Purgatifs ; nitrate de potasse ; teinture de semences de colchique ; sulfate de kinine ; opium ; poudre de Dower.

15° *Sciatique*.

4 cas observés, tous de nature rhumatismale.

Médication externe : Teinture d'iode ; huile de croton ; vésicatoires pansés avec la morphine ; laudanum ; essence de térébenthine.

Médication interne : Purgatifs ; nitrate de potasse ; sulfate de kinine ; opium.

Tous ont guéri.

16° *Otite*.

5 cas observés. Cause probable, le froid humide ; inflammation avec abcès dans le conduit auditif externe.

Applications émollientes : injections de décoction de guimauve et de pavot ; huile d'amendes douces laudanisée.

Tous guéris.

17° *Amaurose*.

Un seul cas s'est présenté. Le militaire qui en a été atteint faisait partie d'une colonne poursuivie par l'ennemi ; après une course longue et rapide il entra dans une cave froide et humide, lorsqu'il en sortit il avait perdu la vue.

Le traitement a été extrêmement énergique : collyres et fumigations stimulantes ; vésicatoires : séton ; atropine ; électricité ; teinture de strychnine en frictions et à l'intérieur.

Rien n'a été modifié.

Cependant, comme les milieux de l'œil sont dans de bonnes conditions, que l'œil est sensible, que sous l'influence de la pression on développe la production de phosphènes, je crois qu'une nouvelle médication devra être tentée au printemps.

18° *Anémie.*

Cas très nombreux mais le plus ordinairement accompagnés d'autres maladies qui ont été désignées.

5 cas observés d'anémie simple sans aucune complication. Traités par les préparations de fer, de quinquina et un régime substantiel et réparateur, tous ont été guéris.

19° *Erysipèle.*

5 cas observés, dont trois compliqués de meningite à la suite de blessures à la tête. Les deux autres cas étaient des érysipèles développés sur la poitrine et sur le ventre.

Emissions sanguines : purgatifs : émétique en lavage : boissons acidulées.

Tous ont guéri.

20° *Varioloïde.*

2 cas observés. Affection sans gravité. Les militaires qui en étaient atteints ont été isolés des autres malades et promptement guéris.

21° *Variole.*

5 cas observés ; ils se sont produits dans nos ambulances. 3 ont été envoyés dans un établissement spécialement destiné à recevoir ce genre de maladie, les deux autres ont été traités après avoir été isolés dans une chambre où ils sont restés pendant plus d'un mois. Ils sont sortis guéris.

Le petit nombre de varioleux que nous avons eu dans nos 7 ambulances prouve combien les précautions prises ont été efficaces.

La ville de Saint-Etienne était en ce moment en pleine

épidémie variolique ; si cette affection n'a jamais eu dans nos ambulances un caractère épidémique et contagieux, cela tient à la sollicitude constante de nos administrateurs et aux excellentes conditions hygiéniques qui ont toujours été réalisées. Soins de propreté extrême, aérage, arrosage matin et soir avec de l'eau phéniquée et chlorurée, pansement fréquent des plaies avec des préparations à l'acide phénique ou à la teinture d'iode. L'atmosphère de nos salles, imprégnée de ces diverses substances, a puissamment contribué à détruire toute espèce de miasme toxique.

DEUXIÈME CATÉGORIE.

Blessés { **par armes blanches.** { **par projectiles.**

1° BLESSÉS PAR ARMES BLANCHES.

6 cas observés ; pas de gravité ; pansement avec cérat phéniqué.

Tous guéris.

2° BLESSÉS PAR PROJECTILES.

Blessés à la tête. Fracture comminutive des os du crâne. — 9 cas observés. Ces blessures ont été d'une extrême gravité. 4 sujets ont dû subir des opérations. Extraction de projectiles et de fragments osseux ayant pénétré parfois à deux centimètres de profondeur dans la substance cérébrale, quelques blessés sont arrivés dans un état comateux, d'autres avec des accès épileptiformes se reproduisant tous les 1/4 d'heures ; le plus grand nombre paralysés des membres. Trois ont été atteints d'érysipèle, de meningite et de strabisme.

Boissons acidulées ; légers purgatifs ; émissions sanguines.

Pansement avec le cérat phéniqué.

Les plaies guéries, les accidents inflammatoires complètement passés, les individus atteints de paralysies ont été soumis à l'action des préparations de noix vomique et de l'électricité.

Tous ont guéri.

3° *Blessés à la tête. Région orbitaire.* — 2 cas observés. Projectile reçu dans la région orbitaire. Les deux militaires ainsi blessés ont perdu l'œil. Accidents cérébraux chez un seul. Guérison

4° *Blessé à la face.* — Un cas observé. Ce blessé avait eu les deux maxillaires supérieurs brisés par une balle. Extraction de plusieurs fragments osseux. Guérison.

5° *Blessés au cou.* — 2 cas observés. Ces deux blessés avaient eu la région latérale du cou traversée par un projectile.

Pas de lésion grave. Guérison.

6° *Blessés à la poitrine.* — 17 cas observés. Chez presque tous la poitrine a été traversée d'avant en arrière. Blessures extrêmement graves ; côtes brisées ; poumons traversés ; vertèbres fracturées. 6 fois j'ai été obligé de retirer de la poitrine des fragments d'os ou de projectiles.

Pour donner une idée de la gravité de quelques-unes de ces blessures, je citerai celle reçue par un de nos malades qui a été plusieurs fois à l'agonie. Il présentait sur le côté

droit de la poitrine cinq ouvertures toutes donnant passage
à de l'air, du sang et du pus. Le pus rendu par les plaies
était au moins d'un demi litre par jour ; il était tellement
fétide que le malade a dû être isolé de ses compagnons.
Le pansement fait matin et soir durait au moins une heure
chaque fois.

Le blessé était d'une maigreur extrême. Il était atteint de
fièvre hectique et de diarrhée purulente.

Traitement. — Injection dans les plaies avec des liqueurs
caustiques ; eau et teinture d'iode ; eau et perchlorure de fer ;
injection d'infusion de kina ou de feuilles de noyer et acide
phénique. Ces liquides injectés en avant jaillissaient en arrière et *vice versa;* parfois même ils sortaient par la bouche.
Sur les plaies, linge feuctré enduit de cérat phéniqué et sau-
poudré de poudre de kina, charbon, camphre.

Régime et traitement interne : Le matin à 5 heures, lait
bourru ; 8 heures, potage gras avec addition d'extrait de
viande de Liébig, vin de Bordeaux ; 10 heures, demi-verre de
thé de bœuf, vin de madère ; midi, viande rotie saignante,
légumes féculents, vin de Bordeaux, eau de Saint-Alban,
café ; 4 heures, une tasse de chocolat ; 5 heures, vin de
kina ; 6 heures, viande rotie saignante, vin de Bordeaux ;
9 heures, sulfate de kinine et opium.

Avec de légères modifications nécessitées par les conditions différentes qui se sont présentées, tels ont été les
moyens employés.

Nous avons voulu plusieurs fois diminuer l'alimentation,
l'expérience nous a forcé à la rendre de plus en plus substantielle et réparatrice.

Ce n'est qu'à l'aide de soins aussi assidus, qu'au bout

de huit mois nous avons pu guérir notre malheureux blessé.

Tous les blessés de cette catégorie ont été guéris.

7° *Blessés aux bras et aux avant-bras*, 15 *blessés*. — Chez 5 il y a eu des fractures comminutives ; chez 3 extraction de projectiles ; chez 5 extraction de fragments osseux. Dans cette dernière opération nous avons toujours eu soin, autant que possible, de conserver le périoste. Dans quelques cas, l'os a été régénéré.

Pansement. — Cataplasmes ; cérat phéniqué. Quelques plaies de mauvaise nature ont été cautérisées avec le nitrate d'argent, le jus de citron, des lotions d'eau phéniquée, d'eau iodée, d'infusion de kina. Poudre de kina, de charbon et de camphre. Quelques hémorrhagies légères, traitées par la compression et le perchlorure de fer. Régime substantiel et réparateur ; vin de kina.

Tous ces blessés ont été guéris.

Chez quelques-uns il est resté des infirmités qu'il était impossible d'éviter, telles que : raccourcissement du membre, ankilose, rétractions musculaires, paralysies partielles, atrophies du membre, cicatrices vicieuses, profondes et adhérentes. Ces observations sont applicables à toutes les blessures qui, bien que guéries, ont entraîné des infirmités.

8° *Blessés aux mains et aux doigts*. — 26 cas observés qui ont nécessité 6 amputations de doigts et 4 extractions de fragments osseux. 2 cas d'hémorrhagies.

Traitement pareil à celui consigné dans le paragraphe précédent.

Tous ces blessés ont guéri. Chez quelques-uns il y a eu

comme dans le paragraphe ci-dessus des infirmités qui n'ont pu être évitées.

9° *Blessure à l'abdomen.* — Un seul blessé sans gravité. Guérison.

10° *Blessés aux cuisses.* — 17 cas observés ; 4 extractions de fragments d'os.

Quant aux accidents, au traitement et aux conséquences de ces blesures, nous ne pouvons que reproduire ce qui a été consigné dans le paragraphe 7.

Tous ces blessés ont été guéris.

11° *Blessés aux jambes.* — 32 cas observés ; 4 extractions de fragments osseux ; 2 extractions de projectiles ; quelques fractures comminutives.

Relativement aux plaies, aux accidents observés, au traitement suivi, aux résultats obtenus, ils sont identiques à ceux consignés dans le paragraphe 7.

Tous ces blessés ont été guéris.

12° *Blessés aux pieds et aux orteils.* — 18 cas observés. Amputation d'un orteil ; 4 extractions de fragments d'os ; 2 extractions de projectiles.

Traitement, accidents, observations et résultats pareils à ceux consignés dans le paragraphe 7.

Tous ces blessés ont été guéris.

13° *Pourriture d'hôpital.* — 6 cas très-graves observés : cautérisation avec le nitrate d'argent, le nitrate acide de mercure, la teinture d'iode, le perchlorure de fer, l'acide phénique, le jus de citron, l'acide chlorhydrique. Lotions avec infusion de kina, de feuilles de noyer ; eau phéniquée ;

cataplasme de fécule iodée ; cérat phéniqué ; poudre de kina, charbon et camphre.

Traitement interne : Préparations de fer, de kina, thé de bœuf.

Régime substantiel, vin généreux, café, thé alcoolisé.

Le traitement a été long et varié, la guérison difficile à obtenir.

Tous ont été guéris, le plus grand nombre avec des cicatrices profondes et adhérentes.

14° *Hémorrhagies graves*. — 6 cas observés.

Traitement. — 2 ligatures d'artères ; 4 compressions; perchlorure de fer.

Guérison.

15° *Abcès*. — 4 cas observés. Je n'ai noté ici que les abcès graves et à foyer très-vaste. Le plus ordinairement ils étaient dûs à la présence d'un corps étranger, ou à une contusion violente. J'ai ouvert le dernier dans le mois de novembre 1871, en présence du conseil de révision ; il contenait au moins deux verres d'un pus fétide et gangreneux qui, à bref délai, aurait compromis le membre et même la vie du blessé. Cet abcès siégeait vers le coude gauche ; dans cette région, le blessé avait subi la résection de la partie inférieure de l'humeur, alors qu'il était prisonnier des Prussiens.

Cataplasmes ; cérat phéniqué ; injections de décoction de kina phéniquée.

Traitement. — Vin de kina, régime substantiel.

Tous ces blessés ont été guéris.

16° *Luxation, Tibio tarsienne*. — 3 cas observés ; bandages ; appareil amidonné.

Guérison.

17° *Congélations.* — Les militaires qui ont éprouvé cet accident sont très-nombreux. J'en ai soigné 40. Ce sont surtout les pieds, plus rarement les mains qui ont été gelés. La gravité n'a pas toujours été la même. Parfois la peau seule a été gelée, d'autres fois la peau, le tissu cellulaire sous cutané et les muscles, d'autres fois enfin la peau, les muscles et même les os. La partie gelée était frappée de mort, ordinairement elle noircissait, se desséchait, les tissus mous devenaient comme momifiés et parcheminés, un sillon profond d'où s'échappait une suppuration abondante et fétide ne tardait pas à établir une démarcation entre la portion vivante et la portion morte. J'ai dû faire huit amputations partielles de pieds ou d'orteils. Les parties gelées ont été traitées par les moyens suivants : extrême propreté ; pansements fréquents ; lotions au vin de kina et à l'eau-de-vie camphrée ; eau phéniquée ; eau iodée ; eau de goudron ; infusions de feuilles de noyer ; cataplasmes ; cérat phéniqué ; poudre de kina, charbon et camphre.

Traitement interne : Vin de kina, thé alcoolisé, café. Régime substantiel et réparateur, vin généreux. Tous les militaires atteints de congélation ont été guéris. Je dois reproduire ici les observations que j'ai faites au paragraphe 7.

Lorsque je n'ai point été forcé de faire des amputations, l'expectation m'a toujours donné d'excellents résultats, la partie gelée se détachait d'elle-même et laissait à nu une cicatrice de bonne nature.

J'ai fait, sur un certain nombre de blessés, une remarque assez importante, c'est que les tissus qui avaient été déchirés pendant les jours froids paraissaient avoir subi l'action de la gelée, les muscles étaient altérés bien au-delà du point lésé en apparence, il en résultait souvent des abcès et des fusées purulentes. Les plaies de même nature, faites pendant un temps moins froid, n'ont plus offert la même fréquence d'accidents. De là une indication qui me paraît prudente : ne jamais laisser une plaie soumise à l'action d'un froid très-intense.

Je suis heureux de constater ici que, malgré la gravité de leur état, pas un seul des blessés que j'ai soignés dans les ambulances n'a succombé.

RÉCAPITULATION GÉNÉRALE DES MALADES SOIGNÉS.

		Morts.
1° Bronchites	39	0
2° Pneumonies et pleurésies	36	1
3° Hémoptysies	4	0
4° Phthisies pulmonaires.	5	1
5° Laryngites et aphonies	4	0
6° Péricardites.	4	1
7° Diarrhées.	12	0
8° Dyssenteries	10	0
9° Entérites.	25	0
10° Fièvres intermittentes.	17	0
11° Fièvres typhoïdes.	27	0
12° Accès pernicieux	5	0
13° Ictères.	4	0
14° Rhumathismes musculaires et articulaires.	43	0
15° Sciatiques	4	0
16° Otites	5	0
17° Amaurose.	1	0
18° Anémies	5	0
19° Erysipèles	5	0
20° Varioloïdes.	2	0
21° Varioles	2	0
Total.	259	3

RÉCAPITULATION GÉNÉRALE DES BLESSÉS SOIGNÉS.

		Morts
1° Blessés par armes blanches	6	0

Blessés par projectiles, balles ou obus.

		Morts
2° Blessés à la tête, région cranienne. . . .	9	0
3° Id. id. région orbitaire.	2	0
4° Id. à la face.	1	0
5° Id. au cou.	2	0
6° Id. à la poitrine.	17	0
7° Id. aux bras.	15	0
8° Id. aux mains et aux doigts.	26	0
9° Id. à l'abdomen.	1	0
10° Id. aux cuisses.	17	0
11° Id. aux jambes.	32	0
12° Id. aux pieds et aux orteils.	13	0
13° Pourriture d'hôpital.	6	0
14° Hémorrhagies graves	6	0
15° Abcès graves.	4	0
16° Luxations tibio-tarsiennes	3	0
17° Congélations	40	0
Total.	200	0

De nombreuses opérations ont été faites pour extraire des fragments d'os et de projectiles.

Des amputations ont été pratiquées.

Tous les soins donnés aux blessés ont eu un résultat extrêmement heureux ; pas un n'a succombé.

Comme vous avez pu le constater lors de vos nombreuses visites aux ambulances, les faits relatifs à chaque malade ont été consignés avec soin :

1° Sur les feuilles de visite de chaque jour où les prescriptions étaient écrites ;

2° Sur un livre où le résultat sommaire était noté. Voici comment ce livre est disposé :

N° du lit.	Nom du soldat.	Age.	Né à...	Emploi ou grade.	Blessé à... le...	Dia- gnostic.	Pro- nostic.	Obser- vations.	Entré	Sorti.

J'ai constaté que sur 150 militaires blessés par des projectiles, 100 avaient été blessés par des balles et 50 environ par des éclats d'obus.

EAUX MINÉRALES

Un certain nombre de blessés ont été envoyés aux eaux minérales d'Aix en Savoie, ceux que j'ai soignés avant leur départ et que j'ai revus à leur retour m'ont permis de constater les faits suivants :

Amélioration générale considérable. Les articulations fonctionnent mieux. Les membres blessés ont repris de la musculature, ils ont plus de force. Certaines douleurs ont disparu. Les engorgements ont diminué. Les eaux minérales ont donc produit un résultat heureux.

AMBULANCES

Les nombreuses ambulances sédentaires organisées à Saint-Etienne, situées dans des conditions et des quartiers différents, ont pu, grâce à une distribution intelligente des malades et des blessés satisfaire à toutes les exigences d'un service hospitalier bien entendu. Les soins médicaux, le régime, l'hygiène, les promenades sous la surveillance des infirmiers ; tout a puissamment contribué à la guérison des malades. Jamais sans ce concours de circonstances et surtout la répartition des malades dans de nombreux et petits établissements, nous n'aurions obtenu un résultat aussi satisfaisant.

Ces faits et d'autres identiques observés par mes confrères devront engager à l'avenir les administrations à ne plus créer de grands hôpitaux où on a toujours à redouter les agglomérations de malades et les émanations morbides qui s'en dégagent.

Pendant plus d'un an nous avons eu à traiter des malades et des blessés dont quelques-uns étaient dans un état extrêmement grave.

Nous avons fait de nombreuses opérations, et sur 459 militaires confiés à nos soins, nous n'en avons perdu que 3, encore étaient-ils voués à une mort certaine avant leur entrée dans nos ambulances.

Comme je l'ai déjà dit, l'un à son arrivée était mourant ; le second était phthisique, avait des cavernes énormes dans les poumons, et le troisième, atteint d'un œdème général, avait une affection organique du cœur.

En résumé, on peut dire que dans cette œuvre d'humanité et de dévouement tous ceux qui ont prêté leur concours aux ambulances sédentaires ont noblement rempli leur tâche et se sont montrés à la hauteur de la mission qu'ils avaient acceptée en se vouant à soigner les souffrances de nos vaillants soldats.

9 décembre 1871.

Dr JOZAN.

RAPPORT

AU COMITÉ DES AMBULANCES DE SAINT-ÉTIENNE

Par le Docteur MAURICE

J'ai été chargé par le Comité de traiter les blessés ou malades de deux grandes ambulances : celle des prisons contenant 30 lits et celle de l'Ecole-des-Mines comprenant avec son annexe des Sœurs de Saint-Vincent-de-Paul sur le boulevard 42 lits et en outre de la petite ambulance de deux lits de Mme Robert à Bellevue.

L'ambulance des Prisons ouverte le 12 décembre 1870 a été fermée le 3 mars 1871. Pendant cette période de 82 jours, 50 soldats y ont été admis, presque tous blessés, à l'exception de quelques-uns atteints de maladies produites par le froid, pieds gelés, rhumatisme et bronchites. Un certain nombre plus légèrement blessés ou malades ont été évacués avant guérison pour faire place à de nouveaux arrivants ; presque tous les autres, sont sortis guéris ou convalescents.

Deux seulement ont succombé à la gravité de leurs blessures.

Le premier atteint à l'avant-bras près de l'articulation du coude par un fragment d'obus qui avait fracturé le cubitus, a vu sa plaie se compliquer d'un vaste érysipèle phlegmoneux qui a entraîné une suppuration dont l'abondance a épuisé rapidement les forces d'une constitution qui paraissait cependant des plus robustes.

Le second atteint en pleine poitrine d'un tout petit projectile, probablement un fragment d'obus, a semblé, pendant 15 à 20 jours n'avoir qu'une blessure tout-à-fait insignifiante. Toutefois le projectile malgré sa petitesse, avait, à en juger par l'exploration d'un stylet, suivi une direction et pénétré à une profondeur qui n'étaient pas tout-à-fait rassurantes. La direction était perpendiculaire à la paroi pectorale, et la sonde enfoncée assez profondément n'avait pas rencontré de corps étranger. Dans ces conditions il n'y avait guère autre chose à faire qu'à attendre en surveillant. L'absence prolongée de tout accident du côté de la poitrine, avait à peu près dissipé complètement les craintes que j'avais pu avoir au début, relativement à une pénétration, lorsque tout-à-coup éclata une pleuropneumonie dont la marche, l'intensité et la terminaison promptement funeste n'ont que trop démontré pour moi la réalité de son origine traumatique.

En dehors de ces deux cas malheureux, je n'ai eu à traiter à l'ambulance des prisons qu'un autre cas remarquable. C'est celui d'un blessé ayant reçu dans la région susclaviculaire un projectile qui avait pénétré de haut en bas sans traverser, et n'avait pas été retrouvé par la sonde. L'abondance de la suppuration donnait bien à penser que le corps étranger était resté dans la plaie ; mais où fallait-il aller le chercher ? Ce n'est que quinze jours environ après son entrée à l'ambulance, que le blessé me fit remarquer un noyau dur, presque indolent, situé sur le côté de la poitrine, à vingt centimètres environ au-dessous de l'aisselle, du même côté que la blessure. Je ne doutai pas que ce noyau dur ne fût le projectile perdu, cause de la blessure. Une incision pratiquée sur ce point mit effectivement à nu une balle de fusil prussien, laquelle fut extraite sans difficulté. J'ai eu le regret de ne pouvoir suivre cette blessure jusqu'à guérison à cause de l'évacuation du blessé sur une autre ambulance, lors de la fermeture des prisons.

L'ambulance de l'*Ecole des Mines*, ouverte le 25 novembre 1870 et fermée vers le commencement de mai 1871, m'a offert à traiter pendant cette période de plus de cinq mois un mélange à peu prés égal de malades et de blessés au nombre de 150 environ. Comme à l'ambulance des prisons, les moins gravement atteints ont été, à plusieurs reprises, évacués avant guérison pour faire place à de nouveaux arrivants.

Les blessés n'ont rien présenté à mon observation d'assez remarquable pour mériter une mention particulière, si ce n'est peut-être la prédominance marquée en nombre, de blessures produites par des éclats d'obus.

Quant aux malades, ce qu'ils ont présenté de plus remarquable ça été la grande prédominance des affections engendrées par le froid, gelure des pieds, laryngites, bronchites, pneumonies et rhumatismes divers, il s'y est joint aussi quelques maladies infectieuses ou virulentes : dyssenteries, fièvres typhoïdes, et varioles. Deux malades atteints de cette dernière affection qui régnait épidémiquement à Saint-Etienne, comme du reste par toute la France, à cette époque, sont les seuls que j'ai eu le regret de voir succomber dans mon service. L'un était atteint de cette redoutable forme qu'on appelle vulgairement la variole noire ; il en avait probablement contracté le germe dans les salles de notre Hôtel-Dieu où il avait séjourné pendant une quinzaine, pour un panaris, avant d'être évacué sur l'Ecole des Mines.

L'ambulance de Mme Robert, à Bellevue, ne m'a donné à traiter que deux blessés ; mais tous deux atteints de blessures assez graves. L'un avait la cuisse traversée par une balle ; il est arrivé à la guérison sans incident remarquable. Le second, blessé au pied par un projectile qui avait pénétré sans traverser, a présenté, au contraire, dans le cours du traitement, une succession de graves accidents inflammatoires aussi instructive pour l'homme de l'art que malheureuse pour le pauvre patient. Nul exemple, plus probant que celui-ci, ne me semble pouvoir être donné à l'appui de ce précepte chirurgical : qu'il faut procéder dès le début et avec la plus grande insistance à la recherche des projectiles perdus dans les membres.

Dans le cas de ce blessé, le projectile, pénétrant par le dos du pied, avait subi dans son trajet une déviation qui n'avait pas permis à la sonde d'arriver jusqu'à lui. La recherche, dans ces conditions, devait probablement nécessiter beaucoup de temps perdu et des incisions douloureuses, et c'est pour ce motif, sans doute, que le premier chirurgien qui avait examiné le blessé, y avait renoncé. Lorsque le blessé a été confié à mes soins, l'inflammation avait déjà débuté, ce fut pour moi une raison déterminante qui me détourna aussi de pousser jusqu'à bout la recherche du projectile. Ai-je eu raison, ai-je eu tort ? Quoiqu'il en soit, j'ai regretté plus tard cette détermination.

Lorsque j'ai vu se dérouler, sous mes yeux, la série interminable des accidents inflammatoires, causés surtout par la présence du corps étranger, je n'ai pu m'empêcher de penser que quelques douleurs imposées, au début, au blessé lui en auraient épargné beaucoup de plus longues et de bien plus cruelles ; d'autant plus que l'emploi des anesthésiques aurait permis d'atténuer de beaucoup les douleurs de l'opération. Ce blessé a été évacué au bout de trois mois environ, sur une autre ambulance, alors que rien encore ne faisait entrevoir le terme prochain de ses souffrances.

Je ne saurais terminer ce rapport sans faire ici un acte de justice, celui de rendre témoignage en faveur de la bonne tenue des ambulances, dont le service médical m'avait été confié. Grâce à la sage prévoyance du Comité organisateur, comme aussi, grâce à l'intelligence et au dévouement de toutes les personnes employées pour le service, et spécialement des Sœurs de Saint-Vincent-de-Paul, chargées de l'école des Mines, des sœurs et du directeur des prisons, et enfin de Mme Robert, tous les blessés et malades, visités par moi, ont été entourés de tant de soins et d'attentions, au moral comme au physique, que la tâche du médecin en était grandement simplifiée. Aussi quels n'étaient pas la satisfaction et le bonheur de nos pauvres soldats lorsqu'arrivant à Saint-Etienne, accablés de toutes les souffrances physiques et morales, endurées par eux depuis de longs jours : la faim, le froid, la fatigue, la vermine, ils se voyaient, au bout de quelques heures, entourés de tout ce qui constitue les jouissances du confortable. De vive-voix, pendant tout leur séjour, et même par écrit, après leur départ, ils ne se lassaient pas d'exprimer leur reconnaissance pour tous les bons soins dont ils avaient été l'objet dans nos ambulances. Enfin, c'était, parmi eux, un dire unanime que je suis heureux de pouvoir reproduire ici : que dans les ambulances de Saint-Etienne on était mieux traité que partout ailleurs.

Saint-Etienne, le 8 décembre 1871.

E.-F. MAURICE.

RAPPORT

DE M. LE D' MICHALOWSKI

AMBULANCE DE NOTRE-DAME

L'ambulance de Notre-Dame n'a rien présenté de remarquable — sinon la piété patriotique envers les blessés et les
malades de Celui qui l'a fondée. Aussi la seule difficulté
sérieuse que le médecin de cette ambulance ait éprouvé
dans un service de plusieurs mois, ce fut la peine de faire
quitter aux hommes rétablis cette atmosphère de maternelle
sollicitude : les bons lits blancs, et l'excellente cuisine, et
ces vastes salons où le confortable allait jusqu'à ménager aux
convalescents, avec le pain spirituel, des distractions très-
appréciées, un fumoir par exemple ou un billard qu'on ne
laissait guère chômer. Il est juste de mentionner également
la qualité parfaite d'objets de pharmacie que M Guinard n'a
cessé de prodiguer à l'ambulance. Rarement la visite médicale de chaque jour (et souvent plus d'une fois), eut lieu
sans mettre la pharmacie à grosse contribution.

La réunion de ces circonstances favorables rendait les
guérisons remarquablement faciles et rapides. Quelques jours
suffisaient, la plupart du temps, pour remettre les hommes
presque toujours jeunes et vigoureux, mais cruellement
éprouvés par les fatigues, les privations et les intempéries
inouïes depuis la fatale campagne de Russie en 1812. Un

seul de nos malades, un franc-tireur garibaldien, est mort
dans l'ambulance. C'était un génois d'un âge relativement
avancé ; atteint d'une bronchite capillaire aggravée durant le
voyage, il est arrivé déjà mourant à l'ambulance ; et malgré un traitement énergique appliqué sans le moindre
retard, le poumon engoué cessa de fonctionner au bout de
deux ou trois jours.

Les bronchites, les rhumatismes et les fièvres, ayant d'ordinaire quelque chose de typhoïde, formaient le contingent
habituel de l'ambulance. La petite vérole fit mine d'y péné-
trer à l'époque où l'épidémie sévissait le plus fortement en
ville ; la bonne installation de l'ambulance permit d'arrêter
le danger dès l'apparition. Les affections de poitrine plus
graves étaient généralement traitées par l'émétique contro-
stimulant ; les autres par les boissons diaphorétiques et les
vésicatoires volants, souvent très grands relativement à ce
qui se fait d'ordinaire, mais toujours rapidement enlevés.
Aux affections rhumatismales on opposait également les boissons sudorifiques en grande quantité et la poudre de Dower,
administrés au début de la nuit. Quand le mal affectait le
cœur, la feuille de digitale pourprée (infusée méthodiquement,
c'est-à-dire de manière à donner un remède d'égale force,
augmenté ou diminué à volonté et pris d'un seul coup le
matin au lit), réprimait les palpitations au bout de quelques
jours. On combattait les fièvres continues par la médecine
expectante, après l'évacuation préalable du tube digestif par
le tartre stibié en lavage ou l'huile de ricin à faible dose, selon les cas. Quand il y avait de l'intermittence ou de la re-
mittence seulement, le sulfate de quinine par lavements en
faisait prompte justice.

Les blessures toujours légères, ou plus graves à l'origine, mais déjà en voie de guérison, étaient pansées avec du cérat plus ou moins phéniqué, aussi peu souvent que possible. La plaie bien empaquetée n'était pansée à nouveau que quand l'odeur désagréable devenait sensible. Ce mode de traitement faisait marcher la cicatrisation pour ainsi dire à vue d'œil.

Parmi les blessés et les malades originaires de Saint-Etienne, et traités dans leurs familles, l'état d'un seul inspira assez longtemps une vive inquiétude. Le jeune Dubreuil, fils de la concierge de la Bourse, reçut à Orléans deux coups de feu, dont l'un creusa simplement une ornière dans la peau, mais l'autre traversa l'épaule obliquement et sortit par l'omoplate. Abandonné sur un champ de bataille livré à l'ennemi, le brave jeune homme eut la force de se sauver la nuit, de gagner une ambulance française, et après un premier pansement d'arriver chez sa mère avec un bras tellement enflé qu'il semblait avoir triplé de volume. Il guérit néanmoins, et obtint en récompense de son courage la place de gardien des jardins Marengo ; mais l'articulation de l'épaule est loin d'avoir regagné encore la souplesse et l'étendue de ses mouvements.

Saint-Etienne, 1er décembre 1871.

MICHALOWSKI.

RAPPORT

DE M. LE Dr CHETAIL

A Monsieur le Président du Comité central des ambulances sédentaires de la Loire.

Saint-Etienne, 15 novembre 1871.

Monsieur le Président,

J'ai l'honneur de vous adresser le résultat des soins que j'ai donnés aux blessés et aux malades dans les ambulances de Saint-Jean-Bonnefonds, de Létra-Latour et de la ville, comme docteur-médecin.

Vers le 15 du mois de janvier dernier, l'ambulance de M. le baron de Rochetaillée, établie dans son hôpital de Saint-Jean-Bonnefonds, recevait dix malades ou blessés. Un seul est mort, le nommé François-Jules Désiré, né à Cérisé-Belle-Etoile, canton de Flers (département de l'Orne). Il était atteint d'une bronchite aiguë. Respaud Pierre, de Mas-d'Azile (Ariège) ; Maissonnier Jean, de Larochette, canton de Saint-Chély (Lozère) ; Violette Jules (Toulouse), étaient également atteints de bronchite ; mais ils sont sortis parfaitement guéris. Collin François (Yonne) avait une gastro-hépatite ; Thaumaret Anatole, 14e bataillon de chasseurs à pied (Yonne),

6

une gastro-entérite ; l'un et l'autre sont guéris. Deux avaient les pieds gelés : Nicoleau Louis, 61ᵉ de marche (Vendée), et Colombel Louis, d'Aix en Provence, 42ᵉ de marche. Malgré la gravité de leur état, ils ont conservé leurs pieds, moins deux ou trois phalanges des derniers orteils. Le plus gravement atteint a été comme blessé, Vullierme, sous-officier, mobile de la Savoie. Il a eu la première phalange de l'index de la main droite emporté par une balle ; néanmoins aucun symptôme tétanique ne s'est révélé ; et il est parti guéri, ainsi que les autres, les premiers jours du mois de février. J'ai reçu et soigné, dans cette même ambulance de Saint-Jean-Bonnefonds, deux autres blessés et un malade, tous les trois de l'arrondissement de Saint-Etienne ; mais leur séjour à l'hôpital a été plus long ; car le dernier n'est sorti que le 25 avril.

Le 20 de ce même mois (janvier), l'ambulance de Létra-Latour recevait 15 blessés. Parmi ce nombre, 7 ont été blessés par des éclats d'obus ; 1° deux turcos : Mahomet-ben-Aona (province d'Oran) a été frappé à la main droite (sans gravité), et Abdérema-Bel, à la partie supérieure et antérieure de la tête ; cette plaie amena des accidents cérébraux qui inspirèrent des craintes légitimes, mais il guérit. Tixier François (Puy-de-Dôme), 6ᵉ dragon, portait à la partie externe du sein gauche une tumeur large de 15 centimètres. Elle était douloureuse à la pression. Ce malade en attribue la cause à un éclat d'obus. Cette tumeur céda au traitement, ainsi que les troubles dans les battements du cœur. Lemaire Joseph, 85ᵉ de ligne, éclat d'obus à l'épaule gauche ; Budet, 36ᵉ de ligne, éclat d'obus à la cuisse ; Evrard François, 9ᵉ d'artillerie, éclat d'obus à la tête ; Curcaire Julien, 85ᵉ de ligne, éclat d'obus au pied droit. Les plaies de ces quatre derniers ont été bénignes.

2° Borde Bernard, mobile de la Gironde ; Chabanne Jean ; Boucompain, tous les deux mobiles de la Haute-Loire, ainsi que Page, 16ᵉ de ligne, également de la Haute-Loire, ont eu les extrémités des pieds gelés. Leur guérison a été un peu longue et la cicatrisation s'est opérée avec perte de substance : l'extrémité des petits orteils.

3° Les autres quatre blessés avaient été atteints par les balles ; Borde Bernard, mobile (Haute-Loire), a eu la main gauche traversée par une balle, sans accident consécutif ; Brindord Admire a été blessé au pied. La balle a pénétré au-dessous de la malléole externe, labourant la plante du pied, est sortie entre les deuxième et troisième orteils ; ce malade n'est parti que le 21 mars ; Mintgrinole (Corse), a eu l'index de la main droite emporté par une balle : sorti guéri le 15 février. Mais le plus gravement atteint a été Villeneuve, caporal, 85ᵉ de ligne, de Saint-Just-en-Chevalet (Loire) ; il avait l'avant-bras gauche traversé par une balle, heureusement qu'elle avait passé entre le *radius* et le *cubitus*, sans intéresser l'artère... Il est sorti le 14 avril, emportant un congé de convalescence.

Mais, de tous les blessés que j'ai soignés, celui qui a été exposé à des accidents consécutifs les plus graves, c'est le mobile Usson, de Monistrol (Haute-Loire), ambulance Silvent, rue de la Loire ; il avait le petit doigt de la main gauche fracassé ; j'en ai fait l'amputation ; mais des symptômes tétaniques alarmants éclatèrent quelques jours après ; ils restèrent longtemps rebelles à toutes médications ; un abcès diffus profond de la main et de l'avant-bras correspondant, modifia nos appréhensions, et après six semaines de soins le malade est sorti guéri.

Voilà, Monsieur le Président, l'exposé sommaire de ce qui s'est passé dans les ambulances qui m'ont été confiées.

Veuillez croire à mon sincère dévouement.

A.-M. CHETAIL,

Médecin du Bureau de Bienfaisance et médecin-vaccinateur de la Ville de Saint-Etienne, etc.

NOTE DU Dʳ GALLOIS

CHIRURGIEN DE L'HÔTEL-DIEU

SUR QUELQUES FAITS OBSERVÉS DANS LES AMBULANCES
SÉDENTAIRES ET HÔPITAUX DE SAINT-ÉTIENNE.

Amputations et résections.

Trois blessés amputés de la cuisse depuis plusieurs mois
sont arrivés dans nos ambulances avec une conicité du
moignon très-prononcée.

Par suite de la mortification ou de la rétraction des lam-
beaux, la cicatrisation était devenue impossible, l'os était
à nu ; une résection du fémur de 5 à 6 centimètres a donné
les plus heureux résultats.

Dans les trois cas, j'ai pu constater la texture éburnée de
l'os, la disparition du canal médullaire, le renflement de l'os
en tête de clou, les adhérences solides des divers tissus,
et vers la ligne âpre du fémur une véritable ossification li-
néaire sur un trajet de 3 centimètres.

Pour éviter l'effusion gênante du sang, j'ai fait, suivant
l'axe du membre et loin des vaisseaux, une incision de 7
à 8 centimètres qui m'a permis de découvrir l'os et de dé-
tacher plus facilement les adhérences sans intéresser les
artères.

Chez trois autres blessés amputés de la jambe au tiers

inférieur, la conicité du moignon, la nécrose du tibia, des
fistules osseuses ont nécessité l'amputation au lieu d'élection. Cette opération a été suivie dans les trois cas d'une
guérison complète.

J'ai obtenu le même résultat pour un très-grand nombre
d'amputations de doigts, d'orteils, etc.

Je noterai en passant la fréquence des blessures de doigts,
particulièrement à la main droite.

Pourriture d'hôpital.

J'ai observé deux cas intéressants de pourriture d'hôpital.

Dans le premier, éclat d'obus vers la région fronto-parié-
tale, il est survenu un érysipèle phlegmoneux de la face
et du cuir chevelu avec mortification du tissu cellulaire.
Cet accident, quoique compliqué d'albuminurie aiguë et ana-
sarque, s'est terminé par la guérison. La convalescence a
été surtout favorisée par le séjour du madade dans l'ambulance de Mme Buisson, où il a reçu les soins les plus in-
telligents et les plus dévoués.

Dans le deuxième cas, éclat d'obus vers la région popli-
tée, toute la partie postérieure et inférieure de la cuisse
avait été emportée par le coup de feu. Ce blessé, qui appar-
tenait à la mobile du département, nous fut envoyé de
l'armée de l'Est; son état était très-grave, la pourriture
d'hôpital, malgré des pansements rationnels fréquemment
renouvelés, faisait chaque jour des progrès, lorsque toute
la plaie fut frappée de mortification. Une escarre de plus
de 1 centimètre d'épaisseur se détacha sur toute la surface
de la plaie et la cicatrisation se fit rapidement. Un appareil
avec bandes en caoutchouc fut placé avec succès dans le but

de prévenir la rétraction du membre; toutefois, il a été impossible d'obtenir une extension complète.

Congélation.

L'armée de l'Est nous a donné des cas très-nombreux de congélation des membres inférieurs.

Toutes les fois que nous avons pu agir à temps, nous avons fait la résection ou la désarticulation des orteils ou des métatarsiens correspondants de manière à obtenir un lambeau suffisant et les éléments d'une bonne cicatrice. Malheureusement nous avons reçu des blessés complètement mutilés avec cicatrices adhérentes et accessibles aux déchirures — résultats déplorables qui doivent être attribués autant aux blessés eux-mêmes qu'à une chirurgie par trop conservatrice.

Les membres du Comité qui ont assisté aux conseils de réforme doivent avoir encore sous les yeux le spectacle affligeant de ces pauvres blessés mutilés par le froid et hors d'état de marcher par le fait de cicatrices vicieuses. Sur notre demande, le Comité s'est empressé de venir en aide à ces malheureuses victimes de la guerre. Des chaussures spéciales ont été libéralement offertes.

Projectiles.

De l'examen de plus d'un millier de blessés, il résulte pour moi cette conviction que les balles prussiennes causent dans les tissus des désordres moins graves que les balles du chassepot.

Nous avons extrait un certain nombre de projectiles, balles, éclats d'obus, etc. Cette opération n'a donné lieu à aucun accident.

Quant aux autres blessures, elles sont l'objet d'un travail particulier qui, par son étendue, dépasserait le cadre de cette note.

J'ai la satisfaction de déclarer au Comité que nous n'avons pas perdu un seul blessé dans les ambulances confiées à mes soins.

Ambulance de M. Guitton, place Marengo, 7.
—   du Cercle de l'Union, rue Désirée.
—   du Cercle des Archers, rue Désirée.
—   de Mme Chaleyer, rue Saint-Louis.
—   de Mme Chaverot, rue de la Paix.

Nous devons cet heureux résultat à l'hospitalité large, généreuse, patriotique, dévouée de M. Guitton, des directeurs et des membres des Cercles de l'Union et des Archers, qui, spontanément, libéralement, ont offert au Comité le local, le personnel et toutes les ressources désirables.

Dr E. GALLOIS.

RAPPORT DE M. LE Dᵣ SOULÉ

SUR

L'AMBULANCE SÉDENTAIRE DIRIGÉE PAR M. THÉOLIER

AUX RIVES.

Quatre-vingt-quatorze blessés ou malades ont reçu des soins, dans cette ambulance, du 24 novembre 1870 au 4 mars 1871.

Les blessés qui ont constamment fourni un contingent plus élevé que celui des simples malades, ont présenté pour la plupart, à leur entrée, des plaies, avec diverses complications inflammatoires.

Le genre des blessures, le transport de lieux éloignés, l'hygiène peu confortable de la route, la privation de vêtements chauds, la négligence, dans le trajet, des soins de propreté, enfin, l'affaissement moral étaient, à mon avis, les causes directes du mauvais aspect de ces plaies.

Tel blessé à la cuisse, qui sortant d'un hôpital ou d'une ambulance éloignés, presque guéri, était évacué sur notre ambulance, nous arrivait, par suite de ce déplacement regrettable, mais malheureusement forcé, avec des complications phlegmoneuses qui nécessitaient un nouveau traitement plus long, peut-être, que le premier, vu les décollements consécutifs que nous avions à combattre.

Les plaies par éclats d'obus ont été nombreuses ; la cicatrisation définitive en était difficile, des trajets fistuleux existaient presque toujours, lors même que la solution de continuité n'avait porté que dans les tissus mous et n'avait pas intéressé les os.

Les gelures des extrémités inférieures nous ont donné un chiffre élevé.

Ces plaies étaient sanieuses ; la délimitation et la chute des parties mortifiées étaient lentes à se faire.

Cependant, pas de très-grandes douleurs ; pas d'accidents tétaniques.

Le pansement avec glycérine, baume du commandeur, et laudanum sydenham, m'a rendu, pour ces plaies, de très-grands services.

Il va sans dire que les blessures par balles et armes blanches, se ressentaient également de l'état général mauvais et déprimé de leurs porteurs.

Dans l'ordre des maladies internes, les affections rhumatismales et des voies respiratoires ont presque rempli, à elles seules, le cadre nosologique.

Je ne dirai rien des varioles qui, les hôpitaux le savent, ont été, cependant, si nombreuses.

Nous avions la précaution de ne pas les accepter d'abord ; et s'il en surgissait quelque cas dans l'ambulance, comme cela est arrivé, immédiatement nous faisions évacuer le malade à l'ambulance annexe de l'hôpital, où des salles spéciales étaient réservées pour cette maladie contagieuse.

Mais les rhumatismes, les bronchites, les pneumonies, les pleurites nous tenaient en haleine.

Dans le rhumatisme (presque toujours à forme inflammatoire aiguë), les purgatifs drastiques, les frictions avec essence de térébenthine rectifiée et chloroforme, le bi-carbonate de soude à haute dose, secondaient très-faborablement nos efforts, enrayaient et faisaient disparaître en peu de temps cette affection généralement longue et douloureuse.

Les vomitifs, les drastiques encore, et surtout les vésicatoires, avaient raison, dans une proportion marquée, des affections des organes respiratoires.

Je signalerai, en passant, un cas de méningo-encéphalite. Le malade, dont les cris ne laissaient pas reposer ses camarades de chambre, fut porté à l'hôpital.

Telles furent, généralement, les lésions et affections qui réclamèrent nos soins dans cette période de novembre 1870 à mars 1871.

Qu'il me soit permis, actuellement, de fournir quelques appréciations sur l'excellence de l'établissement hospitalier provisoire de M. Théolier.

L'ambulance comprenait deux grandes salles de malades ; une au rez-de-chaussée, l'autre au premier.

Trente-six lits étaient en place ; en se gênant un peu, on pouvait en porter le nombre à quarante.

Une pièce donnant sur une belle terrasse et sur un jardin servait de réfectoire, de salle d'étude et de lecture aux convalescents.

De bons livres étaient à la disposition des studieux. On y apprenait à lire et à écrire aux illettrés.

La terrasse était le champ des récréations, et c'est là que nos pauvres blessés, tout en devisant entre eux, venaient fumer la vieille pipe.

Le service hospitalier était rempli par trois sœurs de

Saint-Vincent-de-Paul, deux infirmiers, et une infirmière de grand mérite.

Demandez son nom aux malades et aux blessés...

L'ambulance comprenait encore une pharmacie, un ouvroir, une lingerie, une salle de bains, enfin, tout le confortable.

M. le préfet, M. le général, et M. l'intendant de Saint-Etienne, qui, plus d'une fois ont visité cet hôpital en miniature, savent quelle somme prodigue de bienveillance et d'attention, son directeur, sa directrice et le Comité ont dépensée, pour rendre ce séjour de douleurs plus supportable aux malades qui leur étaient confiés.

Le Comité des ambulances sédentaires, secondait avec le plus grand zèle tous ces efforts.

Les vins de quinquina, d'Espagne, de Bordeaux, le chocolat, le cacao, l'huile de foie de morue, médicaments alors rares et coûtant fort cher, enfin tous les toniques, mis le plus largement possible à notre disposition, réveillèrent la vitalité éteinte de nos malades ; l'état général devint insensiblement meilleur, définitivement bon.

Citons un fait entre plusieurs.

Un jeune Alsacien, de Mulhouse, engagé volontaire, entre à l'ambulance de M Théolier.

Ce jeune homme, porteur de cinq blessures par éclats d'obus, était dans un délabrement de forces complet.

En le voyant, nous nous demandâmes, si ce n'était pas un enfant, tellement son aspect était malingre, chétif.

Franchement, nous ne pensions pas le rétablir. Sa figure était grosse comme deux poings ; sa poitrine mesurait d'une épaule à l'autre trente-six centimètres ; et les bronches !!

Enfin on commença le traitement général. (Les plaies qui, du reste, m'inquiétaient beaucoup moins, furent assez rapidement cicatrisées.)

A force de côtelettes saignantes, de bon vin, d'huile de foie de morue, insensiblement notre petit alsacien prenait bonne mine ; bref, au bout de deux mois il était méconnaissable. (En mieux, bien entendu.)

Voulez-vous savoir ce qu'il est devenu, aujourd'hui ? Eh bien, ce jeune homme dont la santé était si frêle, si éprouvée, est aujourd'hui soldat, à Saint-Etienne, au 93e de ligne.

C'est moi qui l'ai reçu, il y a six semaines environ, *comme remplaçant.*

Quand j'ai vu ces épaules, cette musculature de bon aloi, et qu'en auscultant les organes internes, j'ai reconnu mon gaillard de l'ambulance, parole d'honneur, j'ai remercié de bon cœur, en moi-même, la paternelle administration qui, d'un roseau, faisait presque un chêne.

Ajoutons que les eaux d'Aix, de Néris, des bains médicamenteux, des douches, étaient, par le Comité des ambulances, mis à la disposition de nos blessés et malades.

Rue de la Badouillère, un ouvroir recevait les valides ; des cours professionnels leur étaient faits, et des places attendaient toujours, par les mêmes soins, au sortir de l'ambulance, ceux qui pouvaient les remplir.

A la fermeture des ambulances, les blessés estropiés furent mis en subsistance à la caserne. Là le Comité les soutient encore de ses ressources pécuniaires et morales.

Je ne veux pas, ici, faire parade de remerciements ; je tais bien de bonnes œuvres que ce Comité exerce tous les jours, et fait exercer.

Celui-là est bon juge qui voit par lui-même.

En terminant, je me plais à rendre hautement hommage à tout le personnel hospitalier, à ces bonnes sœurs qui m'ont si bien secondé dans la tâche qu'on savait toujours me rendre facile.

Je n'oublierai pas, non plus, la noble conduite de la directrice ; et c'est avec respect le plus grand que je salue le nom de Mme Théolier.

Saint-Etienne, 30 janvier 1872.

Le chef de service de l'ambulance n° 5,

D^r C^H. SOULÉ.

RAPPORT DE M. LE Dʳ DUCHÊNE

SUR

LES AMBULANCES DE FIRMINY, UNIEUX ET SAINT-PAUL

A Monsieur le Président du Comité central des ambulances sédentaires de la Loire.

Firminy, 15 novembre 1871.

Monsieur le Président,

Dans les quatre ambulances, savoir : celle de l'Hospice de Firminy, de l'Hospice des Mines, de M. Holtzer et de M. Descours, à Saint-Paul-en-Cornillon, où j'ai réparti les blessés et les malades que le Comité nous a adressés, un seul est mort, et tous les autres se sont rétablis suffisamment pour pouvoir rejoindre leur corps ou rentrer dans leurs foyers.

En outre de ceux qui ont été blessés par les armes de guerre proprement dites, nous avons eu un certain nombre d'hommes dont les pieds ont été congelés à un degré tel, qu'un ou plusieurs orteils se sont détachés ; d'autres ont été atteints de dyssenterie ou de fièvres typhoïdes, et enfin quelques-uns de pneumonie et de variole.

DUCHÈNE, Dʳ M.

NOTE

SUR LE

SERVICE MÉDICAL DES AMBULANCES SÉDENTAIRES

SUIVANTES :

Ambulance n° 14, chez MM. Peyret-Tézenas et Bastide, rue Brossard, 9, 8 lits. — Ambulance n° 1, chez les Sœurs de Saint-Vincent-de-Paule, rue de l'Hôpital, 10, 26 lits. — Ambulance n° 5, chez M. Théolier (1), rue des Rives, 36 lits. — Ambulance n° 18, chez les Sœurs de la Visitation, à Bel-Air, 12 lits. — Ambulance privée, chez M. Humblot, rue Mi-Carême, 6. — Ambulance-annexe de l'Hôpital (2), 112 lits.

PAR LE Dr MILLION, MÉDECIN DE L'HÔTEL-DIEU.

Les ambulances sédentaires de Saint-Etienne avaient été préparées en vue d'y recevoir et d'y soigner des blessés et non pas des malades dans l'acception propre de ce mot, c'est-à-dire des sujets atteints de maladies internes, de fièvre grave, d'éruptions contagieuses, la petite-vérole par exemple. Aussi on ne recevait dans les ambulances que des blessés exclusivement, et quand une maladie grave ou susceptible de contagion se déclarait chez eux, on les dirigeait sur l'ambulance-annexe de l'Hôtel-Dieu.

(1) Je n'ai fait le service de cette ambulance que pendant 25 jours environ; il a été confié ensuite à M. le Dr Soulé.

(2) Cette ambulance est l'objet d'un rapport particulier que j'adresserai prochainement à MM. les administrateurs des Hospices de Saint-Etienne.

Les blessures que j'ai eues à soigner ont été généralement légères et à l'abri de complications graves : c'étaient des mutilations des doigts et des mains, des plaies par éclat d'obus, des contusions, des épanchements plus ou moins considérables, des corps étrangers dans les chairs, balles, bourres, fragments de mitraille, débris de vêtements, etc. Les opérations que j'ai eues à pratiquer ont été relatives à des extractions de sequestres osseux, à des débride-ments, à des restaurations de plaies, à des résections de peu d'importance. Les plaies subissaient bientôt une in-fluence salutaire de l'hygiène dont les malades étaient entourés, et quand il ne survenait pas de complications, d'érysipèle ou de phlegmon surtout, elles marchaient vers la cicatrisation d'une manière remarquable.

Mais mon attention n'était pas entièrement absorbée par les lésions apparentes et extérieures ; elle se dirigeait aussi et de préférence sur l'état général des blessés ; car indépen-damment des plaies reçues sur le champ de bataille, pres-que tous étaient affectés de maladies sub-aiguës à marche lente et insidieuse. Ces maladies se rattachaient à trois groupes plus spécialement :

1° Désordres dans l'appareil respiratoire, bronchite, pleu-résie, pneumonie partielle, hémoptysie, tubercules ;

2° Troubles dans les fonctions digestives, dyspepsie, vomis-sements, états gastriques variés, irritations ou inflammations gastro-intestinales ;

3° Rhumatisme, rhumatalgie, sciatique, etc.

La bronchite sub-aiguë ou chronique est la maladie qui se présentait le plus souvent à mon observation. Elle était plus ou moins étendue et plus ou moins grave. Quand elle

7

se déclarait chez des sujets à l'abri de causes héréditaires ou
de diathèses, elle marchait facilement à la guérison sous
l'influence d'un traitement hygiénique convenable... Mais
quand elle rencontrait des constitutions profondément débi-
litées, des prédispositions morbides, la diathèse scrophu-
leuse, elle se compliquait habituellement d'hémoptysies légères, d'engorgements lobulaires, de pleurésies et de pneumonies circonscrites, dont la gravité était toujours prononcée
et l'issue plus ou moins inquiétante. Pour combattre cette
affection complexe, les applications révulsives sur la poitrine
étaient indispensables, les épispastiques légers, les larges
vésicatoires, les emplâtres stibiés, les traînées caustiques sur
le thorax formaient la médication locale. A l'intérieur, les
antimoniaux n'étaient pas toujours tolérés et demandaient à
être administrés avec beaucoup de prudence ; les infusions
pectorales miellées prises très-chaudes, l'oximel scillitique,
l'huile de foie de morue, les opiacés rencontraient de
fréquentes indications ; dans les cas de pneumonies, le
rhum et les alcooliques ont été d'une grande utilité.

Les maladies des voies digestives les plus fréquentes
étaient la dyspepsie, l'embarras gastrique, les irritations
gastro-intestinales.

Les dyspepsies se trouvaient amendées par de légers
apéritifs, les eaux gazeuses naturelles du département, les
amers et surtout par les soins minutieux que l'on apportait
dans le régime alimentaire.

L'embarras gastrique réclamait l'emploi de la médication
évacuante, et en première ligne l'ipécacuanha ; les pur-
gations les plus efficaces s'obtenaient à l'aide de teintures
cathartiques : celle de rhubarbe, de jalap, l'eau-de-vie
allemande.

Dans les cas d'irritation et d'inflammation lente ou sub-
aiguë, les applications émollientes sur le bas-ventre, les
boissons adoucissantes, la diète lactée suffisaient pour les
cas légers. Quand la maladie était plus grave il fallait
recourir à des révulsifs plus ou moins énergiques sur les
parois de l'abdomen ; de larges vésicatoires volants, des
frictions avec la teinture d'iode, l'huile de croton, les pom-
mades stibiées suivant les cas ; il fallait administrer à l'intérieur des boissons mucilagineuses, des opiacés à faible
dose et avant tout surveiller le régime qui devait être doux
et léger. Les malades ne supportaient pas la diète absolue ;
d'autre part les émissions sanguines et la médication anti-
phlagistique étaient mal tolérées.

Les maladies rhumatismales étaient très-répandues. Elles
se montraient tantôt sous forme de rhumatisme sub-aigu
apyrectique, ou avec une fièvre rémittente très-légère ; tantôt
sous forme de rhumatisme nerveux, de rhumatalgie, de
pleurodynie, de sciatique. Ces accidents étaient ordinairement bénins et sans gravité ; mais ils affectaient une grande
ténacité et une marche lente et interminable. Les malades
se trouvaient soulagés par une médication excitante et
diaphorétique. Les boissons toniques, les stimulants diffusi-
bles, la poudre de dower, l'opium à l'intérieur ; à l'exté-
rieur, les frictions alcooliques, térébentinées, ammoniaca-
les, l'alcool camphré, le baume de Fioraventi, le baume
opodeldoch, les bains de vapeur et surtout ceux de vapeur
résineuse dont j'ai plusieurs fois constaté la précieuse effica-
cité.

Une considération générale s'applique aux diverses maladies que nous venons de passer en revue : c'est le caractère

adynamique qui leur était commun. Il est bon de se rappeler
que tous nos blessés avaient subi les influences morbides au
milieu desquelles ils s'étaient trouvés : l'action du froid
prolongé, celle de l'humidité, l'insuffisance et la mauvaise
qualité des aliments, les privations de toute sorte, les im-
pressions morales de nature variée, mais tristes et dépres-
sives, trop souvent l'usage immodéré des boissons alcooliques.
Ces diverses causes imprimaient toutes un cachet d'asthénie
et de débilité profonde aux maladies. Aussi ces dernières
tendaient-elles par condition étiologique vers l'anémie et
réclamaient-elles une médication tonique et fortifiante dont
une nourriture substantielle, saine et abondante constituait
la base fondamentale.

Je termine en payant un tribut d'admiration et de reconnaissance à l'œuvre de nos ambulances sédentaires, telle
qu'elle a été comprise et organisée à Saint-Etienne où il m'a
été donné de l'apprécier et de l'étudier dans tous ses détails. Je ne pense pas que dans aucune autre ville on ait
réalisé, dans de meilleures conditions, l'accomplissement
de ce devoir sublime qui nous était imposé : soulager,
guérir et consoler nos malheureux compatriotes, malades
ou blessés, tous victimes de leur courage et de leur dévouement dans la défense du pays.

Ce n'est pas exclusivement au point de vue hygiénique
et médical qu'il faut envisager les ambulances, mais aussi
et principalement au point de vue moral. On est frappé
tout d'abord de l'élan général et spontané avec lequel les
ambulances furent installées et prêtes à recevoir les blessés.
— En quelques jours, elles s'ouvraient sur tous les points

de Saint-Etienne, et, sans exagération, elles triplaient (1)
nos ressources hospitalières. Ce fut alors un spectacle tou-
chant et qui ne manquait pas de grandeur que l'empres-
sement avec lequel on accourait au secours des malades
pour les recevoir à l'arrivée des chemins de fer, pour leur
donner les premiers soins, les réchauffer, les restaurer
et les faire transporter, enfin, dans les ambulances qui
leur étaient destinées. C'est ici l'occasion de dire avec quelle
constante sollicitude Messieurs les membres du Comité des
ambulances-sédentaires présidaient à tous ces détails (2) et
veillaient à leur accomplissement.

Au seuil de l'ambulance, le blessé était reçu comme
l'enfant au sein de sa famille. Il était entouré par un
nombreux personnel qui s'ingéniait à lui faire oublier ses
souffrances. Le maître et la maîtresse de la maison présidaient eux-mêmes à cette installation ; bientôt le malade
avait changé de linge ; il était pansé, lavé, couché dans
un bon lit. Le riche négociant et son épouse ne dédai-
gnaient point de faire l'office d'infirmier et d'infirmière.
Mais le rôle des femmes était surtout celui d'un ange conso-
lateur, d'une mère affectueuse et dévouée qui comblait le
pauvre soldat d'attentions délicates. Elles s'attachaient à
varier les douceurs du régime alimentaire ; à procurer des
jeux et des délassements intellectuels. Elles excellaient à

(1) Près de mille lits furent préparés comme par enchantement, dans
toutes les conditions d'hygiène et de confort désirables.

(2) Un membre du corps médical se trouvait toujours à la disposition du Comité à l'arrivée des convois. Je rappelle ici, avec bonheur,
que le concours de tous les médecins de Saint-Etienne a été offert et
assuré d'avance à l'œuvre des ambulances et que ce concours a été
entièrement gratuit.

ranimer le courage abattu, la confiance ébranlée en évoquant le souvenir de la famille absente et de la prière qu'on avait épelée au foyer paternel. Elles entretenaient la correspondance avec les parents éloignés et savaient lui imprimer tout ce que le cœur peut communiquer de tendresse et de bonté.

Je n'oublierai pas non plus ces humbles sœurs de charité, ces saintes religieuses, toujours prodigues de leur dévouement et toujours présentes dès qu'il y avait un blessé à secourir, un malade à soulager. Enfin, je mentionnerai encore les employés, les commis, les filles des magasins, les domestiques des deux sexes qui venaient à l'exemple de leurs maîtres, faire accepter leurs services et veiller à tour de rôle au chevet des malades.... A chacun sa part de mérite dans le devoir accompli ; à chacun sa part de la reconnaissance et des bénédictions que les malades ont laissées dans les ambulances, et pour la ville de Saint-Etienne, une belle page de plus à écrire dans son histoire.

RAPPORT DE M. MERCADIER

A Monsieur le Président du Comité central des ambulances
sédentaires de la Loire.

Saint-Etienne, le 25 décembre 1871.

Monsieur le Président,

Il est bien naturel que vous désiriez connaître le résultat
général de l'œuvre de bienfaisance qui s'est exercée sur les
blessés et malades du 93me de ligne, auxquels la Société que
vous présidez est venue offrir spontanément l'appui généreux
de ses ressources pécuniaires. A la fin de la guerre, le 93e,
stationné à Saint-Etienne, est devenu un centre naturel de
réunion pour ses blessés et pour la majeure partie de ceux du
département. La plupart de ces blessés qui avaient dépassé
la période aiguë de leur traumatisme, étaient encore porteurs de plaies non entièrement cicatrisées. A cet état de
maladie, le séjour de l'hôpital est nuisible. Les convalescences ne s'y accusent pas franchement ; la dissémination
est le grand bienfait. C'est du reste en hygiène un des faits
admis sans contestation. Mais pour réparer ces organismes
épuisés, nous n'avions à leur offrir que le régime réglemen-
taire des convalescents, régime qui est constitué par une
augmentation de 0, 12e sur la prestation journalière. Ce n'est

guère que la valeur représentative d'un quart de litre de vin
par jour.

Vous nous avez offert d'augmenter cette allocation de 0, 25ᶜ
par jour et par homme ; nous avons pu alors constituer un
régime alimentaire suffisant pour restaurer nos malades. Il
s'est composé d'un plat de légumes et d'un plat de viande à
chaque repas, avec cette condition que la ration de viande
du soir serait rotie, et d'un quart de litre de vin également
par repas avec le dessert. Nos malades ainsi traités ont
rapidement repris des forces. Les convalescences sont arri-
vées sans accident à bon port. En dehors de nos blessés,
beaucoup de soldats à leur retour d'Allemagne étaient dans
un état anémique très prononcé. Ils se sont rétablis promptement lorsqu'ils ont été soumis à une bonne alimentation,
dont ils avaient été privés depuis si longtemps. En somme
le champ sur lequel pouvait s'exercer cette amélioration
alimentaire était large. Par les soins de l'administration du
régiment, 229 soldats ont été réformés avec gratification re-
nouvelable, 115 ont leur retraite instruite. En ajoutant à ces
deux chiffres le nombre des hommes dont la santé a été profondément altérée par les misères de la captivité, on obtient
le nombre de 400 malades qui ont bénéficié de ce régime. A
la date du 20 décembre, le nombre des journées des convalescents s'élève à 8,098. Les sommes versées par les soins
du Comité des ambulances sédentaires sont de 2,152 10 ;
et la dépense est de 2,085 francs 30.

.Quelques-uns de nos blessés avaient besoin pour assurer
leur guérison d'un traitemennt par les eaux thermales. Les
stations thermales entretenues par l'administration de la
guerre étaient cette année encombrées de malades ; les

places disponibles faisaient défaut. Par votre concours, 20 de nos blessés ont pu profiter des eaux d'Aix (1) ; la dépense a été défrayée par vos soins. Ces malades ont tous retiré un bon résultat de ce traitement balnéatoire.

Beaucoup de nos prisonniers étaient porteurs d'affections de la peau et spécialement du prurigo-formicans. Pour ces malades, ainsi que pour nos soldats anémiques et blessés, il était utile et nécessaire de faire usage de bains nombreux tant simples que sulfureux et alcalins. Nous avons obtenu par vos soins des bons de bains à discrétion.

Votre bienfaisance ingénieuse a su créer d'autres ressources utiles pour nos soldats. Vos distributions de livres, votre création d'écoles, vos dons d'effets d'hiver, en rendant des services réels, venaient encore indirectement en aide pour soutenir le moral de nos hommes désœuvrés et les maintenaient dans une ligne de conduite régulière,

Aujourd'hui que nous approchons du terme où toutes ces souffrances sont en partie apaisées, nous devons reconnaître que votre intervention a facilité cette pénible tâche. En revenant dans leurs foyers, nos soldats se rappelleront que s'ils ont été blessés pour la défense de leur pays, ils n'ont pas trouvé la ville de Saint-Etienne ingrate pour eux. Elle les aura traités comme ses propres enfants.

Veuillez agréer, Monsieur le Président, l'expression de mes sentiments les plus distingués.

MERCADIER,
Médecin-major au 93me.

(1) En outre de ces vingt blessés, il en parti encore vingt autres à Aix ; ces derniers y sont allés avant leur rentrée au corps.

Saint-Etienne, le 5 janvier 1872.

Monsieur A. Robichon, président du Comité central
des ambulances sédentaires,

Nos derniers blessés soumis au régime des convalescents
amélioré par les secours de votre Société, sont tous, à part
deux, originaires de votre département. Ces soldats qui ont
reçu des blessures très-graves, ont leur retraite instruite. Ils
peuvent à la rigueur rester au régiment, jusqu'à liquidation
de leur pension, quoique étrangers au 93me d'infanterie, du
moment où ils y sont en subsistance ; mais nous ne pouvons
plus améliorer leur état. Les conséquences de leurs blessures
sont irrémédiables. D'un autre côté, nos soldats au point de
vue de la discipline, n'ont rien à gagner au contact de ces
blessés auxquels il devient difficile, sinon impossible, d'ap-
pliquer le règlement militaire dans toute sa rigueur.

L'Etat accorde aux blessés revenus volontairement dans
leurs foyers, en attendant la liquidation de leur pension de
retraite, 0f,80c par jour. Cette somme serait insuffisante pour
leur permettre de vivre chez eux, à nos derniers blessés qui
ont été si grièvement atteints, et que vous connaissez,
puisqu'ils ont été traités dans vos ambulances. Si, avec l'aide
d'un supplément cette allocation journalière pouvait attein-
dre 1 franc 50, il leur serait alors possible de parer aux
nécessités de la vie. C'est du reste à peu près ce que leur
donnera leur retraite. Pourrez-vous accepter cette charge

nouvelle dont la durée probable serait de trois à quatre mois je suppose, et qui consisterait à supprimer l'allocation que vous accordez à nos convalescents, et à payer à ces derniers blessés rentrés dans leur famille 0f,70c par jour ? Si vos ressources vous permettaient de concourir à ce dernier acte de bienfaisance, nous arriverions par votre secours à la liquidation immédiate des funestes effets de la guerre, et nos blessés abandonnant des habitudes de loisir qu'ils contractent à la caserne, reprendraient, d'après leurs moyens, la pratique d'un travail moralisateur.

J'ai l'honneur, Monsieur le Président, de vous exprimer mes sentiments dévoués.

MERCADIER,
Médecin-major du 93me.

LISTE

DES

**Soldats blessés qui ont obtenu du Comité des Ambulances sédentaires
une allocation journalière pendant quatre mois en attendant
la liquidation de leur pension.**

Flachier (Jean-Claude), de Saint-Etienne (Loire).

Villemagne, de Saint-Etienne.

Verdier, de Saint-Etienne.

Revoit, de Saint-Etienne.

Bathie, de Saint-Etienne.

Chambe, de Saint-Etienne.

Chantelot, de Saint-Priest-la-Prune, canton de Saint-Just-en-Chevalet (Loire).

Levet, de Montagneux, canton de Saint-Jean-Soleymieux (Loire).

Dubouis, de Belmont (Loire).

Bayle, de la commune d'Ecotay-l'Olme, arrondissement de Montbrison (Loire).

Martin, de Saint-Romain-le-Puy, canton de Saint-Rambert (Loire).

Schermann, de Saint-Dié (Vosges).

Meyer, de Saint-Dié (Vosges).

Fribourg, de Belleneuve, canton de Mirebaud (Côte-d'Or).

Reymond, de Sorbier (Loire).

Cholat, de Saint-Etienne.

Chacornac, de Saint-Etienne.

Bonsonnet, de Saint-Etienne.

Lardon (Pierre), de Marlhes (Loire).

Verrara (Baptiste), de Montbrison.

Chauvet (Claude), de Saint-Etienne.

Duval (Barthélemy), de Saint-Etienne.

Dufour, de Saint-Etienne.

Rebaud (Joseph), de Saint-Etienne.

Romany, de Saint-Etienne.

Boucher, de Saint-Etienne.

Petit (Seine-et-Oise).

Fieux (Victor), de Saint-Etienne.

Mondrenier, de Saint-Etienne.

ERRATUM.

Une erreur s'est glissée page 13, 10me ligne. Lisez : Ambulance Frères Maristes, à Valbenoîte, le docteur, M. GARIN, au lieu de : M. Garcin.

Saint-Etienne, imp. vᵉ Théolier et Cᵉ